リアル
労働法

河合 塁・奥貫妃文●編

指宿昭一・今野晴貴・東島日出夫・春田吉備彦・山田省三●著

法律文化社

目　次

凡　例

法令の表記は以下の略語によった。

育介法	育児休業、介護休業等育児又は家族介護を行う労働者の福祉に関する法律
均等法	雇用の分野における男女の均等な機会均等及び確保等に関する法律
均等則	同上施行規則
憲法	日本国憲法
高年法	高年齢者等の雇用の安定等に関する法律
国公法	国家公務員法
国賠法	国家賠償法
最賃法	最低賃金法
最賃則	同上施行規則
次世代法	次世代育成支援対策推進法
障害者雇用促進法	障害所の雇用の促進等に関する法律
職安法	職業安定法
女性活躍推進法	女性の職業生活における活躍の推進に関する法律
男女参画基法	男女共同参画社会基本法
地公法	地方公務員法
道交法	道路交通法
派遣法	労働者派遣事業の適正な運営の確保及び派遣労働者の保護等に関する法律
パート労働法	短時間労働者の雇用管理の改善等に関する法律
パート・有期法	短時間労働者及び有期雇用労働者の雇用管理の改善等に関する法律
労基法	労働基準法
労基則	同上施行規則
労組法	労働組合法
労契法	労働契約法
労災保険法	労働者災害補償保険法
労調法	労働関係調整法
労働施策総合推進法	労働施策の総合的な推進並びに労働者の雇用の安定及び職業生活の充実等に関する法律
若者雇用促進法	青少年の雇用の促進等に関する法律

はじめに

　いまこの本を手に取ってくださっているのはどんな人でしょうか。目に見えない読者の方々にこの本がどんな風に届くのか、わくわくするような、少しこわいような、そんな気持ちでいます。

　私は現在、神奈川県にある女子大で労働法を教えていますが、学生のおよそ９割がバイトをしています。私が大学で唯一の労働法の教員ということもあり、近年は、私の研究室が半ばバイトお悩み相談所の様相を呈しています。「行列のできる労働相談」というと売れっ子みたいですが、いかに今の学生バイトが問題山積みかということを如実に表しているのだと思います。

　本来、仕事の現場はもっと楽しく、すべての人が生き生きと過ごせる場所であるはずですし、そうした環境は作れるはずです。労働者が心身共に健康な状態で安心して働くことができる環境を整備するのは使用者の責務ですが、労働者も、自分がどんな権利を持っているのか、おかしいと思ったときにどう声を上げるのか、知っておかなくてはいけません。労働法の知識を身につけることは、自分だけでなく、自分の周りの大切な人たちを守ることにもつながります。

　本書は、これから社会人となる学生のみなさんや、社会人として働き始め、職場で様々な疑問を持ち始めた人たちをメインの読者対象にした、入門的な労働法のテキストですが、オンラインゲームという“非リアル”な空間で知り合った、北から南まで日本各地で暮らす６名の若者たちが、チャットでの他愛のないやりとりから、期せずして‘リアル’な労働問題を考えていくといったストーリーで作られています。本書に収まりきれなかったさらなるリアルなテーマは、「さらに考えてみよう」というコーナーで、設問形式で挙げています。

　では、６人の若者たちと一緒に、‘リアル’な労働法を見ていきましょう！

　2021年３月　　　　　　　緊急事態宣言発令中の東京にて

　　　　　　　　　　　　　　　　編者を代表して　**奥貫　妃文**

登場人物紹介

　この本では、ソーシャルネットゲーム「**鶴の恩返しパートⅡ**」（つるおん）で知り合って、時々HN（ハンドルネーム）でやり取りをしている、６人の若者が登場する。６人は、お互いに名前も年齢も知らないが、それぞれ「リアル」な世界では、いろんな形で、働くことについての疑問や不安、悩みを持っているみたい。さあ、この６人（＋山田太二教授）と一緒に、労働法のしくみを一緒に学んでいこう！

梨奈（HN：ナナリー）

　神奈川県の私立大学３年生。現在就活中。大学１年次に交通事故にあって車いす生活。労働法ゼミに所属しており、定年後に家電量販店で嘱託社員として働いている父親がいる。

翔（HN：かっけ）

　東京都内の私立大学４年生。旅行会社に内定中。飲食物デリバリーの「ウンタートランケ」でバイトをしているが、少し前に転倒して骨折し、今は休んでいる。パート勤務の母親がいる。

杏華（HN：あんかちゃん）

　中国出身で京都の大学院に留学中の28歳。大学院修了後は日本のバイオ関連企業で環境問題の仕事をしたいと考えている。日本で知り合った男性と結婚しているが、夫がかなりの長時間労働であるため、心配している。

ジョン（HN：サイカク）

　イギリス人で26歳。イギリスの大学で上方（カミガタ）文化を研究していた。井原西鶴については日本人より詳しい。現在、大阪にある商社に勤務。周囲にはゲイであることを公言。

さくら（HN：さくらもち）

　2歳の娘を抱える岩手県在住の、31歳のシングルマザー。高校卒業後は地元の製パン会社で勤務していたが、結婚と同時に退社。現在は離婚し、コンビニやスーパーでパートを掛け持ち。

優斗（HN：ゆうきゃん）

　沖縄出身の35歳。沖縄の高校を卒業後、在沖の米軍基地で作業員として勤務している。現在は、米軍基地で働く日本人労働者の労働組合の役員をしている。

◎〜◎〜◎〜◎〜◎〜◎〜◎〜◎〜◎〜◎〜◎〜◎〜◎〜◎〜

山田太二（タイツ）教授

　秋葉原に出没する謎のおじさん。自称・某大学の（不）名誉教授で、労働法の世界では「セクハラ（研究）の山田タイツ」として、知らない者はいない（らしい）。梨奈の所属する労働法ゼミの担当教授にどこか似ているが、本人は別人だと主張。特技は、周囲を幻惑させる高回転のダジャレ。

　（本書の登場人物はフィクションであり、実在の団体、人物等とは関係ありません）

序章

そういえば、「働く」ってどういうこと？

#チャットルーム 大ヒット中のソーシャルネットゲーム「鶴の恩返しパートⅡ」。今週新しく登場した超強力なアイテム「白銀（プラチナ）の胡桃（くるみ）」を、課金して入手するかどうかで盛り上がっているようで…。

ゆうきゃん　45分前
そんなに強いの？

ナナリー　　　44分前
あれぶっ壊れ（＊）だよ
攻略めっちゃ楽になる

さくらもち　　　　　43分前
でも5000円の課金はちょっと痛いよな

あんかちゃん　　　　　　42分前
私は課金したことないけど、どうしようかちょっと迷っています。

かっけ　　　　　　　41分前
「迷ったら課金！」ってコトワザがあるよ、課金しようぜ！

サイカク　　　41分前
そんなコトワザ聞いたことないよ

かっけ　　　　　　　40分前
うるせえｗ
といっても、いまバイトできないから今回は課金パスだけどな

ゆうきゃん　40分前
あれ、ケガしたんだっけ？

かっけ　　　　　　39分前
そう、配達中に転んでケガしちゃって
でも配達員は自営業だからって何の補償もなくて

＊ぶっ壊れ…ゲームのバランスを壊すほど強い、ということ。

あんかちゃん　38分前

自営業だと労災にならないんですか？

ナナリー　37分前

そうみたい。私も働くようになったら気をつけなきゃ
でも私、障害があって車いすだし、コロナだからそもそも就職
できるのかすごい不安

さくらもち　34分前

私もパートだから、いつ切られるかわかんない。昨日も同僚2
人が契約満了だってあっさりクビになった
私だって正社員と変わらない仕事をしているのに給料は安いし。
てか田舎だから正社員の仕事なんてそんなにないんだよね

あんかちゃん　29分前

でも正社員でも、私の夫は毎日夜中まで残業してて大変そうで
す。最近はコロナの関係でテレワークが増えましたが、帰って
寝るだけが日本の企業文化でしょうか。

サイカク　27分前

僕が昔スペインにいたときは、ランチ2時間、ディナー4時間
でゆったりだった
日本は残業も当たり前、でも組合も何も言わなくてオカシイヨ

ゆうきゃん　24分前

労働組合が逃げ腰だとだめなんだ。でも、最近は組合を辞める
人も増えてて。「応援しています」って組合辞めていく人が一
番困るんだよなあ

かっけ　23分前

米軍基地の組合っすか？なんかカッケーw

ゆうきゃん　19分前

そう単純じゃないよ。いいこともあるけど、ろくにコロナの検
査もせずに入国してくる軍人もいるからね
米軍関係者が直接基地に降り立つ場合は入国審査もないんだよ

かっけ　18分前

え、マジ！？それやばくない？

ゲームの話から、いつのまにか労働に関するグチに。
みんなそれぞれ、いろいろ悩みがあるようだ。
ここから一緒に、働くことに関する法を見ていこう。▼

（1）労働法って、どんな法律？——労働法とは

■そもそも労働法って、なんだろう？

　働くことを規律するのが労働法の目的であるが、中学校あるいは高校で「労働三法」という言葉を習ったと思う。労組法、労基法の２つはすぐ出てくるが、３番目はなかなか浮かばないかもしれない。わが国では、諸外国とは異なり、ストライキ等の争議行為が大幅に減少しているので、イメージがわかないが、３つ目は争議行為に関する労調法だ（このため、現在では労契法を労働三法に入れる見解もあるようだ）。

　労働法は、賃金・労働時間や労働契約等を規律する個別的労働関係法と、使用者との１対１の個別交渉では劣位に置かれている労働者が労働組合を結成する権利（団結権）、団体交渉により自ら労働条件等の維持改善を図る権利（団体交渉権）を保障するなど、労働組合と使用者との関係（労使関係）を規律する集団的労働法に２分されるのが一般的だ。前者の代表的な法律として、労基法、労契法、最賃法、均等法、育介法、パート・有期法、労災保険法等がある。後者には、労組法や労調法等が含まれるが、職安法、派遣法等の労働市場法を含めて、労働法を３分野とする見解も有力である。

■労働法は、憲法とも関係が深いんだ

　なお、個別的労働関係法・労働市場法については憲法27条の労働権（勤労権）、集団的労働法については憲法28条の労働基本権（団結権、団体交渉権、団体行動権）が憲法上の根拠となるが、これらの憲法規定は、宗教の自由（20条）や職業選択の自由（22条）のように、国家の干渉を排除する自由権（19世紀的基本権）とは区別される基本的人権であり、国家が経済活動に積極的に関与することによって、実質的平等を達成することを目的とするもので、「社会権」と総称される。このほか、個人の尊重・自立を定めた憲法13条の規定も、労働契約の解釈との関係では無視できない。

　以上のように、使用者との１対１の個別交渉では経済的に弱い立場に置かれる労働者の自立をサポートすることを目的としているのが労働法、といえるだ

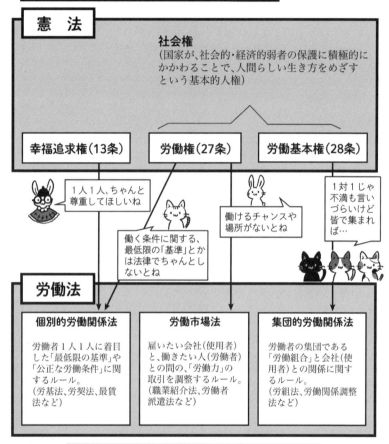

憲法と労働法の関係

憲 法

社会権
(国家が、社会的・経済的弱者の保護に積極的に
かかわることで、人間らしい生き方をめざす
という基本的人権)

幸福追求権(13条)	労働権(27条)	労働基本権(28条)

1人1人、ちゃんと
尊重してほしいね

働く条件に関する、
最低限の「基準」とか
は法律でちゃんとし
ないとね

働けるチャンスや
場所がないとね

1対1じゃ
不満も言い
づらいけど
皆で集まれ
ば…

労働法

個別的労働関係法	労働市場法	集団的労働関係法
労働者1人1人に着目した「最低限の基準」や「公正な労働条件」に関するルール。(労基法、労契法、最賃法など)	雇いたい会社(使用者)と、働きたい人(労働者)との間の、「労働力」の取引を調整するルール。(職業紹介法、労働者派遣法など)	労働者の集団である「労働組合」と会社(使用者)との関係に関するルール。(労組法、労働関係調整法など)

へえ、憲法にもけっこう
労働のことが出てくるんだな!

憲法って、いろんな法律の
根っこみたいなものなんだね!

ろう。

（2）労働法の主人公——使用者と労働者

■メインは、「労働者」と「使用者」

　労働法の登場人物といえば、労働に関連する法律を制定する国会、法律の細則（省令）を作成する厚生労働大臣、労働法例を実際に運用する行政官庁（労働基準監督署、職業安定所（ハローワークだ）、労働委員会など）、労働法令の解釈を行う裁判所も含まれるが、なんといっても主要な登場人物は、疑いなく、労働者と使用者だ。

　ところで、気を付けなければいけないのは、労働者や使用者は、法律ごとに定義が異なるということだ。それは、法律によって、目指す目的が異なっているためだ。ここが、労働法理解の1つのポイントでもある。

■「労働者」＝雇われて働く人？

　まず、「労働者」の定義から見てみよう。「労働者」と認められれば、賃金・労働時間や解雇規制等の労働法の保護が及ぶことになるし、労働・社会保険（労災、雇用、健康、厚生年金）の給付を受けることもできる。このため、労働法や労働・社会保険の負担を免れるために、請負、委任など（一般には、業務委託などとも呼ばれる）の契約とすることで、これらの責任を回避しようとする使用者が増大しており、大きな問題となっている（132頁以下も参照）。

①労基法・労契法の「労働者」

　労基法における「労働者」は、「事業又は事務所に使用される者で、賃金を支払われる者」と定義されている（9条）。「使用されていること」と「賃金を払われていること」がポイントだが、これらは「使用従属性」と呼ばれる概念であり、契約の形式や名称に関係なく、（賃金や労働時間などの最低基準を設定する）労基法の保護を受けるのにふさわしい者が労働者となる。使用従属性の有無は、具体的には、①業務遂行上の指揮監督関係（仕事のやり方について、具体的に指示を受けたりする関係）の存否・内容、②支払われる報酬の性格・額、③具体的な仕事の依頼・業務指示に対する諾否の自由の有無、④時間的・場所的拘束性の

有無・程度、⑤労務提供の代替性の有無、⑥業務用機材等機器・器具の負担関係、⑦専属性の程度、⑧使用者の服務規律の適用の有無、⑨公租等の負担関係その他の事情（特に①、③、④、⑤が基本的要素）から、総合的に判断されることになる（＊1）。なお、最賃法や安衛法の労働者の定義も、労基法9条と同一の定義となっているほか、労働者の定義がない労災保険法の労働者も同様に理解されている。

　次に、労契法の労働者については、「使用者に使用されて、賃金を支払われる者」と定義され（2条1項）、基本的に労基法9条と同じであるが、「事業又は事務所に使用されている」必要がない分だけ、その定義の範囲は労基法よりも少し広いことになる。たとえば、教員からアルバイトを依頼されて報酬をもらう学生は、労基法の労働者にはならない（大学教員は「授業」をするが、「事業」ではないから）が、労契法上の労働者に該当する。

②労組法上の労働者

　次に、集団的労働法分野の代表である労組法において、労働者とは「賃金、給料その他これに準ずる収入にとって生活する者」（3条）と定義されている。ここでは、労基法のような「使用従属関係」は不要であり（失業していても含まれる）、広い意味での賃金生活者を労働者としている。つまり、労組法の労働者とは、労基法や労契法よりも広いのである。たとえば、プロ野球選手は、労組法上の労働者であることに異論ないが、労基法上の労働者であるかについてはこれを否定する見解が多い。

　労組法の労働者とは、使用者との個別交渉では交渉力に格差が生じるため、労働組合を組織し、集団的な交渉が必要となる者、と理解できるだろう。具体的には、最高裁（＊2）は、①会社の業務組織への組み入れ、②会社による契約内容の一方的決定、③報酬の労務対価性（以上が基本的要素）、④会社の業務依頼に応ずべき関係、⑤広義での指揮監督、⑥場所的時間的拘束性下での労務提供が基準（以上が基本的判断要素）とされていることのほか、「顕著な事業者性」が認められる場合には、消極的判断要素（マイナス要素）とされている。

■アルバイトやパート、芸能人などは？

　アルバイトやパートタイマーも以上の条件をクリアしているから、「労働者」

として、労基法や労契法、労働組合法の適用を受ける。ただ、コンビニのオーナーなどは微妙なところだ。

また、芸能人・タレントも、いわゆるフリーのタレント等は別にして、プロダクション所属の専属タレント（所属プロダクション以外の活動を制約されている等のケース）については労働者として認められる可能性が高い（＊3）。なお、明治時代の旧民法265条では、「角力、俳優、音曲師其他の芸人と座元興行者との間に取結びたる雇用契約に適用す」と規定されていた。現代語に訳すなら、さしずめ角力＝力士、音曲師＝楽団員、座元興行者＝プロダクション（使用者）、となろうが、これも雇用契約（労働契約）とされていたことがわかる。

■次に「使用者」って？

①労基法・労契法の使用者

まず、労契法における使用者は、「その使用する労働者に賃金を支払う者をいう」と定義されている（2条2項）。すなわち労働契約の一方当事者であり、法人企業あるいは個人事業主がこれに該当する。これに対し、労基法の使用者は、「事業主又は事業の経営担当者その他その事業の労働者に関する事項について、事業主のために行為するすべての者」と定義されている（10条）。この「事業主」と労契法の「使用者」とは重なるが、労基法の「使用者」はそれよりも広いことがわかる。つまり、労基法の使用者には、役員、支配人、理事などの経営担当者のほか、工場長、部課長や店長等も広く含まれることに注意が必要だ。部課長や店長等が使用者に含まれるのは、違法な時間外労働命令のような労基法違反の行為を現実に行った者を、「使用者」として規制の対象とすることにある（行為者処罰主義）。

②労組法の使用者

最後に、労組法には使用者の定義規定が存在しないが、同法の「労働者」に対応するものと考えられよう。上でも見たように、同法の労働者とは、個別交渉における交渉力に格差が生じていることから、契約自由の原則を貫いては不当な結果が生じるため、労働組合を組織し集団的な交渉により保護が図られるべき者、を意味するから、それに対応した者が「使用者」ということだ。具体的には、まずは現在の労働契約上の使用者（雇用主）がそれにあたるが、それ

労働基準法の「労働者」の判断基準

●指揮監督を
受けている？

業務遂行上の指揮監督関係の有無
「どんな作業を、いつ・どこで、どうやるか」
について、偉い人から指示されている

仕事の依頼、指示等への諾否の自由
偉い人から「これやって」と頼まれたら
断りづらい

時間的・場所的拘束性の有無・程度
仕事の時間や、作業の場所について、
細かく決められている

労務提供の代替性の有無
他の人が代わりにやっても「別にOK」という場合
（他の人だと困る場合＝労働者とはいいにくい）

●報酬が「労務の対償」といえる？
報酬が、主に時間に比例して払われている
（長時間働いたら多めに払われたり、遅刻したら減らされるような場合など）

〇判断を補強する補充的要素
・事業者性の有無（仕事の道具や経費などが会社負担となっている、など）
・専属性の有無（他の会社の仕事を引き受けることを禁止されている、など）
・その他（その会社の服務規律を守らないとダメ、源泉徴収されている、など）

上の●が主要な判断ポイントで、それだけじゃ
判断できないときは、〇も見て判断するんですね

上の●の２つをあわせて、**使用従属性**って
いうこともあるよ

僕の場合「１件でいくら」って契約だし、自転車も自腹
だからな…。配達員はやっぱ労働者じゃないのかぁ

いや、必ずしもそうじゃないとは言いきれないかも。
判断ポイントに照らして考えてみよう

だけではなく、近い過去に使用者であった者または将来使用者となる可能性が高い者、あるいは親会社・元請等のように、「労働者の労働条件等に関して、現実的・具体的に支配・決定できる地位にある者」も場合によっては使用者に含まれるだろう（＊4）。

(**参考裁判例**)　＊1…横浜南労基署長（旭紙業）事件・最判1996.11.28（持ち込みトラックの運転手の労働者性が否定）、新宿労基署長事件・東京高判2002.7.11（映画撮影技師）、日本放送協会事件・大阪高判2015.9.11
　　　　　　　　＊2…国立劇場運営財団事件・最判2011.4.12（オペラ歌手）、INAXメンテナンス事件・最判2011.4.12（住宅設備機器修繕業者）
　　　　　　　　＊3…マネジメント専属契約存続確認請求事件・東京地判2016.3.31
　　　　　　　　＊4…労組法の事案として朝日放送事件・最判1995.2.28。労基法の使用者性が認められたケースでは、子会社が形骸化していて、法人としての実体が無いような場合である（黒川建設事件・東京地判2001.7.25）

サイドストーリー1　労働法の実効性確保

「お前はクビだ。明日から出てこなくていい！」。これは、映画やドラマでよく聞かれるセリフ。でも、即時解雇は原則的に禁止されている（労基法20条）はずだ。しかし、脚本家や監督は労働法を知ってか知らずか「労基法違反だ！」とのセリフが出てくることはない。守られていない身近な法律の代表として、道交法と労基法がよく挙げられる。「たしかに、道路はロード（ウ）（労働）だな」と、ギャグを言っている場合ではない。近年の飲酒・あおり運転の影響もあって、道交法は厳しく取り締まられているが、労基法をはじめとする労働法はどうだろうか。ここでは、労基法の実効性確保のための制度を紹介しておきたい。

第1が刑事罰であり、労基法が定める最低労働条件に違反する使用者には刑罰が科される（117条～121条）が、両罰規定といって、代理人、使用人その他の従業者が事業主のために違反行為を行った場合、これらの者に懲役刑・罰金刑が科されると同時に、使用者（法人や個人事業主）も罰金刑を受けることがある（121条1項）。刑罰は最も強力な手段だが、反面、どんな企業でも守れる程度の水準しか最低基準として設定できないことにも注意が必要であろう。

第2が、民事的効力として、労基法の基準を下回る労働契約は無効となる（13条）。たとえば1日の労働時間を9時間と契約しても無効となり（労基法の強行的効力）、労働契約も労基法の1日8時間という基準に従う（直律的効力）。ここでは、労働者が1日9時間でよいと真に思ってもダメであり、過半数組合、それがなければ過半数従業員代表との書面協定（労使協定）を結ばない限り、8時間を超えて労働者を働かせることは禁止されている（32条、36条）。労基法は、労働者個人の意思を信用していない、つまり「ノーと言えない」労働者を前提としているのだ。以上のように、労基法は最低労働条件を設定するものだから、労基法の基準より有利な労働契約（たとえば、1日7時間労働）は無効とはならない。

第3が付加金制度である（114条）。労基法は、4つの手当（解雇予告手当（20条）、休業手当（26条）、割増賃金（37条）、年休手当（39条9項））の支払いを使用者に義務付けているが、これが未払いの場合、労働者は裁判所に対して、同一額の金額（付加金）を請求できる（114条）。労基法違反に対する一種の民事罰ともいえよう。第4が、労働基準監督署長（行政官庁）が労基法に関する監督、指導、相談等を行うことができるという、行政的効力である。

以上のように、刑事、民事および行政の3つの側面から、労基法の実効性が確保されているのである。

サイドストーリー2　公務員と労働法

　民間企業への就職を法的にいえば、「労働契約の締結」ということになる。実際の力関係はともかく、法的には、労働者と使用者とは対等な契約当事者なのだ。これに対し、公務員も労働者であることは間違いないが、契約関係とは見られていないため（任用関係）、民法ではなく、行政法が適用される。

　このため、対等な契約当事者間を想定している労使協定の締結は基本的には公務員には予定されていないし、民間企業の採用内定とは異なり、内定取消しも辞令交付までは基本的に自由とされている。もちろん不当な内定取消しについては名目的な慰謝料請求は可能であるが、民間企業のように採用（労働契約上の地位確認）を裁判上請求することはできない。また、公務員にも安全配慮義務が保障されているが、公務員が上司等によるいじめで自殺や精神障害を発症しても、民法よりも国賠法が優先適用されるので、国や自治体の損害賠償責任は認められるとしても、いじめの当事者である上司の責任追及はできない。

　では労働関係の法律は、公務員にはどう適用されるのだろうか。一般職である国家公務員については、労基法や労組法、安衛法などは原則として適用されない。これに対し地方公務員については、就業規則や労基署等に関する部分を除き、労基法の大部分の規定が適用される。ただし、労契法やパート有期法の適用はないから、無期契約への転換、雇止めの規制や、パート・有期契約労働者と正職員との均等・均衡処遇の規定の適用もない。このため、正職員に比べ、非正規公務員の身分は不安定であるだけでなく、賃金などについての正職員との相違を争うのも困難だ。

　公務員については、勤務条件法定主義の原則により、職員の勤務条件は国公法や人事院規則、地公法・条例等により決定される。とはいえ、一般職・非現業職員（＊）である地方公務員については、労組法、労調法、最賃法などが適用除外とされるが、労基法はある程度適用される（地公法58条）。なお、公務員の労働基本権については、4章のコラム参照。

　（＊）自治体が運営する水道、バス、病院などの事業に従事する公務員（現業職員）以外の公務員のこと。なお現業職員には、労基法は全面適用されるが、労契法は適用除外されている。

1章

出会いと始まり

#チャットルーム

大学のキャリアセンターから戻った3年生のナナリー、就活が思うようにいっていないようだ。

ナナリー　　　　　　　　　　　　　35分前

今キャリセン行ってきたけど、インターンなくってやばたん(;_;)もう少し早く生まれてればすごい楽だったのに。かっけさんうらやま…

かっけ　　　　　　　　　　　　　32分前

でも僕の周りだって内定取り消しくらったり、入社延期になって家賃払えないって話も結構あるから、そんな気楽じゃないよ

サイカク　　　　　　　　　　　　31分前

イギリスでは中途採用が普通だから、新卒学生の一括採用なんてことはないです

あんかちゃん　　　　　　　　　　29分前

中国もそう。でも、若者がなかなか雇われないため、問題になっています。

さくらもち　　　29分前

マジ闇だね_(:3」∠)_

ちょっと前までは景気が良かったのに、一転して今年は就活試験の延期や内定取り消しなど大混乱。
ここでは、働くことの「入口」のルールを勉強していこう。▼

（1）内定ゲットチャレンジ！——募集・採用

■まずは仕事探しから——募集・応募

　序章でも出てきたように、労働法とは「雇われて働くこと」に関する法律のことだが、「雇われる」というのをもうちょっと法的にいうと、雇う人（使用者）と雇われる人（労働者）が労働契約を結ぶ、という感じだ。

　具体的にはどうやって労働契約は結ばれるのだろうか。労働者がいきなり会社に「雇ってくれ！」と乗り込んで、社長が「ヨシ！　採用」…となることはまずない。だいたいは、会社（使用者）の募集広告などを見て、労働者が応募する、というパターンだろう。

■募集をめぐってのアレコレ

　ではまず、使用者が行う「募集」に関してのルールからだ。法律上、募集のやり方には直接の制約はないが、使用者は、募集の際、賃金、労働時間その他の労働条件をはっきり示さないといけない（職安法5条の3第2項）。つまり「詳細は入社してから」ってのはダメ。また、新卒労働者を募集するときは、募集広告や求人票に、固定残業代を除いた基本給、対象となる労働時間数などをはっきり書くことになっている（若者雇用促進法13条）。これは、「結構いい初任給だと思っていたら、実は数十時間分の残業代込みだった（怒）」みたいなトラブルが多くて、2015年にルール化されたんだ。

　募集をめぐるトラブルで多いのは、入社したら「あれ、労働条件が違う！」というものだろう。労働者も求人の条件を見て応募先を選ぶことが普通だろうから、面接の際に「時給1500円で募集してたけど、君の経験なら1300円かな〜。それでもよければ来て」「わかりました」みたいなやり取りがあったとかでない限り、募集時の条件で労働契約が成立したと考えるしかないだろう（＊1）。もっとも、求人票の条件が「見込み額」などとなっている場合は、あくまでも「見込み」なので、差額を払ってくれ、というのはちょっと難しそうだ（＊2）。

　ところで、募集する側が「ほんとは体育会系の男子がほしい」みたいに思ってたりすることも実際には珍しくないが、法律上は、年齢や性別を理由に応募

を制限することは原則としてできない（労働施策総合推進法９条、均等法５条）。ただしこのルールには例外が多く、年齢制限や女性限定の募集は、違法とならない場合もあったりするので留意が必要だ。

■誰をどう雇うかは使用者の好き放題？──採用の自由

　労働者がどこを就職先として選ぶかはもちろん労働者の自由だが、相手が採用してくれるかどうかは別の話。労働契約も契約なので、法的には、片方が申込んで、それを相手が承諾することで成立するもの。だから、労働者が申し込んでも、それに対して使用者が承諾しなければ、基本的には「採用」ということにはならない。

　じゃあ、「採用」について法律はどうなっているのだろう。結論からいうと、基本的には採用に関することは、法律で制限されていなければ、基本的には使用者が自由に決められる（採用の自由）というのが判例（＊3）・通説の立場。使用者は、誰をどう使って商売をするかは自由（営業の自由）なわけだし、また「契約」なのだから、そもそも雇いたくない人をむりやり雇わされるのは変だろう、というわけだ。他にも、「日本では、一度雇うと簡単にはクビにできないんだから、採用くらい使用者の自由でいいんじゃないの（・3・）」という理由を挙げる人もいる。

　でも「生殺与奪の権を使用者に握らせるな！」とまではいかなくても、使用者がそこまで好き勝手に決められるってのはさすがにおかしくない？　ということで、上記の判例・通説の立場に批判的な見方も最近は有力だ。また今では、使用者の採用の自由を直接制限する法律もある。たとえば、「女（男）だから」「若くないから」「障害者だから」といった理由で採用しないことは今は違法だ（均等法５条、労働施策総合推進法９条、障害者雇用促進法43条）。その意味では「採用の自由」は、実はそれほど使用者が自由に決められるわけではなくなってきている（とはいっても現実には、いわゆる「お祈りメール」に代表されるように、まだまだ採用の自由は強いが）。

　ところで「採用の自由」には、採用するかしないかだけではなく、何人雇うか、何を基準として選ぶか、採用にあたって何を聞いたり調べたりするかといったことも含まれているが、特に問題となるのは、「採用に際し、応募者のこと

をどこまで調査できるか」という話。上で紹介した判例では、応募者の思想・信条を調査することも違法ではないとしたが、憲法では「内心の自由」が基本的人権として認められているのだから、ちょっと変だ。もっとも現在では、職安法5条の4によって、社会的差別の原因となるおそれのある個人情報（出生地、家族、宗教、支持政党など）の収集は原則として認められない（罰則はないが）。一昔前には面接時の鉄板質問だった「お父さんの職業は？」「尊敬する人物は？」なども実は今はNG。まあ現実に面接で聞かれたら拒否するのはなかなか難しいだろうが、基本的には、仕事と関連する適性や能力こそが大事であり、それ以外のことは聞いちゃダメ、ということなのだ。

■労働条件をちゃんと確認しよう

　労働契約を結ぶ際（基本的には「内定」のタイミングだと思ってほしい）には、使用者は、労働者に対し、労働条件をきちんと示さなければならない。中でも、労働者にとって特に重要な①労働契約の期間、②就業場所や従事すべき業務、③始業終業時刻、休日等、④賃金の決め方・支払い日、⑤退職・解雇に関するルール、の5つについては、ちゃんと書面で渡さないといけないとなっている（労基法15条1項、労基則5条。いわゆる労働条件通知書）。なお2019年4月からは、労働者が希望した場合には、書面に代えてメールやSNS等でもいいことになった（案外知られてないみたいだが…）。

　現実の世界では、働き始めてから「アァァァァ、労働条件が変わっている！」ということも珍しくない。そういったことのないよう、アルバイトであっても、労働条件通知書はきちんともらっておこう。

　　（参考裁判例） ＊1…福祉事業者A苑事件・京都地判2017.3.30
　　　　　　　　　＊2…八州測量事件・東京高判1983.12.19
　　　　　　　　　＊3…三菱樹脂事件・最判1973.12.12

（2）まだ社員じゃないの？──採用内定・試用期間

■採用内定って何？

　大学4年の春ともなると、「あ〜、早く内定ほしい！」が挨拶がわりになる（？）

といっても過言でないほど、学生にも身近な「内定」。海外では珍しいようだが、日本では新卒一括採用の仕組みが定着しており、その中で「内定」というのが1つの節目になっている。

　大学生なら、4年生の春あたりから何社かに応募して数回の選考を受け、6、7月頃に内々定をもらい、そこから1社に絞って誓約書などを提出し、秋頃に内定通知書の送付や内定式を経て、翌年4月に入社、というパターンが多いだろう。

　内定をもらって一安心、さあ今のうち遊んどかなきゃ、なんて思ってた矢先に、「その内定、やっぱりなかったことに」なんていわれたら泣くに泣けない。でもまだ働いていないんだから、そういわれても仕方ないのだろうか。

　後述するが、結論からいえばそんなことはない。判例（＊1）は、会社からの内定通知があり、それに学生が誓約書を提出していたことで、労働契約が成立した、としている（内定＝労働契約の成立）。ただ、労働契約といっても、まだ働き始めてはいないので、普通の労働契約とはちょっと違うが（後述）、それでも、内定段階では一応労働契約が成立してるんだから、次に述べる内定の取り消しはクビ（解雇）と同じで、それなりにちゃんと理由がないとできないと考えられている（労契法16条）。

　まあ、そういうわけで内定通知があればとりあえず一安心だが、実際には、内定通知が全然送ってこないとか、そもそも通知そのものがないこともある。ただ、内定通知がなくても、誓約書などを出させられていたり、会社からの意向で就活を終わりにさせられたりしていれば、法的には「内定」（＝労働契約が成立している）と評価できるだろう。

　また、最終面接の後などに、担当者から「あなたにはぜひ来てもらいたい」などと口頭で伝えられることもある（いわゆる内々定）。一般的には内々定段階では、まだ労働契約が成立しているとはいえないということが多い（＊2）。でも、企業は「内々定」だといっていても、使用者は雇う気満々で、すでに応募者に誓約書とかまで出させているような場合であれば、法的には内定（＝労働契約成立）といってもいいのではないだろうか。

■泣くに泣けない、内定取消し

　内定をもらって一安心、さあ今のうち遊んどこう、とか思ってたら「やっぱりなかったことに」って…!?　泣くに泣けないが、これが「内定取消し」だ。

　ところで先ほど、「内定」で労働契約は成立しているものの、普通の労働契約とはちょっと違う、と述べた。これはどういうことなのか。1つは、働き始める時期がもう少し先という意味（就労始期付、などとも呼ばれる）だが、もう1つは、使用者に解約（＝内定取消し）する権利がキープされている（解約権留保付）、ということだ。実際、誓約書などの中に「卒業できなかった場合」「書類に虚偽があった場合」などには内定を取り消します、と書かれていることも少なくない。

　ただ、誓約書などにそう書いておけば内定取消し放題、というのも乱暴すぎる。なので、いくら解約権が使用者にキープされているといっても、採用過程でわかるようなこと（こいつ、陰キャぽいからうちには合わないな等）や、そのくらいいいじゃんという程度のこと（仕事と関係ない資格の漢字がちょっと違ってた等）を理由とした内定取消しは難しいだろう。また誓約書などの中に「会社の業績が急激に悪化したときには内定を取り消します」と書かれている場合もある。しかし、業績の悪化は応募者に落ち度がないのだから、内定取消しが認められるハードルはもっと高い。会社が倒産しかけていても絶対に取り消せない、とまではいえないが、単に業績悪化というだけで、そう簡単に内定を取り消すことはできないのだ。

　では内定辞退はどうか。労働者は退職する自由がある（民法627条1項）ので、「辞退します」と伝えれば、たとえ相手が認めなくても、法的には2週間経てば辞退したことになる。誓約書などに「辞退した場合はかかった費用を弁償します」みたいな条項が置かれていることもあるが、採用側も実際にはある程度の辞退が出ることを見越して採用活動をしているだろうし、あまりに威圧的な条項は、強制労働に当たる（労基法5条違反）可能性も出てくるから、法的にはそこまで心配しなくてもいいだろう。

■試用期間をめぐるアレコレ

　ようやく入社しても、そこから一定の「試用期間」が設けられていて、その

期間が終わるとようやく本採用（正式採用）、ということが少なくない。労基法
21条は、「試の使用期間」が14日を超えないうちは解雇予告（後述）がいらな
いとしているが、そもそも試用期間とはどういう時期なのだろう。判例（＊3）
は試用期間を、正社員にふさわしいかを確認するための期間であると同時に、
採用時にはわからなかったことを調査するための期間、とする（なので、あん
まり長すぎる試用期間は問題となる）。

　たしかに雇う方からすれば「実際に働かせてみないとわからない」というこ
とはあるだろうが、でも「適格性がなかった」みたいなよく分からない理由で
本採用されなかったらやっぱり困る。上の判例も、試用期間中にはもう労働契
約は成立している（解約権留保付労働契約）としているので、本採用の拒否は法
的には「解雇」と評価される（労契法16条）から、それなりの理由がなければ
許されない。具体的には、異様に仕事が遅いとか、全く協調性がないなどといっ
た場合で、しかもどう見ても「改善の見込みがない」というような場合でなけ
れば、本採用拒否は難しいであろう。

　では、ちょっとセコい感じもするが「試用期間」じゃなくて、『能力を試す
ための有期労働契約』を結ぶというのはどうだろう。有期契約だと、その期間
が終わったら自動的にサヨウナラ、となってしまうのだろうか？　この点は、
能力を試すためにそういうことをしているなら、形式的には有期契約でも、基
本的にそれは試用期間でしょ、と考えられる（＊4）。そうなると、期間が終わっ
てサヨウナラというのは本採用拒否と同じ、というわけだ。

　　（参考裁判例）　＊1…大日本印刷事件・最判1979.7.20
　　　　　　　　　　＊2…コーセーアールイー事件・福岡高判2011.3.10
　　　　　　　　　　＊3…三菱樹脂事件・最判1973.12.12
　　　　　　　　　　＊4…神戸弘陵学園事件・最判1990.6.5

（3）"期間の決まった労働"もあり？──有期雇用契約

■無期契約と有期契約

　労働契約には、半年とか1年のように期間を定める場合（有期契約）と、特
にそういった期間を定めない場合（無期契約）とがある。無期契約の多くは正

社員で、非正規労働者の多くは有期契約になっている。

　ところで有期契約については、かつては契約期間の上限は原則1年であった。この背景には「長すぎると、労働者が途中で辞めたくなってもなかなか辞められない」という問題があったからだ。ただその後「ある程度長い期間のほうが、労働者にとっても雇用が安定するだろう」という観点から、上限は、原則3年に引き上げられた（専門的知識を有する労働者や60歳以上の労働者については上限5年、「一定の事業の完了に必要な期間を定めるもの」はその期間が終わるまで、という例外がある）。このように期間の上限はあるが、下限はない。

　じゃあ、3年契約と1年契約、いったいどっちが有利だろう？　労働者からすれば、契約期間が長いほうが雇用が安定し有利なようにも思えるが、逆にこの期間中は、原則として退職もできない（ただし、1年たてば退職可能（労基法137条））。他方、使用者にとっては、契約期間が長いと、労働者を長期間足止めしておくことが可能となるが、反面、契約期間中はよほどのことがない限り解雇することはできない（労契法17条1項）。そこで使用者としては、「なるべく契約期間を短くして（2カ月契約など）、人手が必要なときは契約更新を繰り返しながら、いらなくなったら契約期間満了で契約を終了させる（雇止め）」ということをよくやる。労契法17条2項は、必要以上に短い期間を定めて反復更新を活用しないように使用者に配慮を求めているが、現実にはこんな感じで柔軟な雇用調整が可能となってしまっているのだ。

　このように、有期契約は「安価な労働力」というだけでなく「雇用の調整弁」として使われがちだ。たとえば、コロナ禍等の急激な景気変動の場面であっても、労使間で決めた契約期間の終了（満了）による雇止めは、形式的には問題にはならない。しかしそれはあまりにひどいだろうということで、労契法19条は、客観的合理的・社会的相当性を欠く雇止めを無効と定め、一定の歯止めをかけているほか、労契法18条で、契約更新を繰り返して通算5年を超えた場合には、無期契約への転換請求ができる（無期転換ルール）。このことは、有期労働者の雇用安定化のために非常に重要な話であり、本書の115頁以下で扱っているので参照してほしい。

■働ける期間と働ける時間が限定されるということは……

　有期労働者はその職場のフルタイム労働者（正社員）と比べて労働時間が短い、パートタイム労働者でもあることが多い。つまり、有期労働問題とパート労働問題とは、実は密接に重なり合っているのだ。

　有期労働契約とパート労働契約は、ともに「失業を内包した雇用契約形態」ともいえそうだ。有期労働契約を締結する際には、「契約期間が終わったら失業しても文句ないよね」という合意が組み込まれているのだとすれば、それは、契約期間が終わるごとに「失業」が予定されているようなもの。パートタイム労働契約は、法的には別物なのだが、実際には有期労働契約でもあることが多いのだから、現実には同じような問題が生じる。つまり、こういった有期雇用労働者やパートタイム労働者の増加は、そのまま雇用が不安定になりがちな労働者の増加を意味しているのだ（なお、有期雇用やパートタイム労働者は、雇用不安と同時に待遇の低さにも苦しんでいる。これについては、パート・有期法8・9条で一定の是正が図られているが、この点は116頁以下で後述する）。

　失業は、日々の生活の糧を奪い、物質的な生活の安定と精神的な安定をおびやかす。使用者が実際には契約更新の主導権を握っている以上、有期契約の労働者は、多くの場合、契約更新に際して、「更新してもらえなかったら失業か……」とおびえている。このため、労働法上の権利主張や待遇改善の交渉を控えがちである。せめて、無期契約に転換し、契約を安定させることができれば、有期雇用労働者も少しは安心して権利主張をすることができるだろう。上に述べた労契法18条は、そういう点でも有期契約労働者の雇用安定にとって、とても重要なのだ。

サイドストーリー3　内定情報とプライバシー

　アメリカにも履歴書（resume）はあるが、日本とは異なり、学歴・職歴等は新しいものから記載する。これは、即戦力の人材を求めていることから、最新のキャリアを尊重するためである。また、日本では、履歴書に写真を添付することが必須であるが、アメリカの履歴書に写真を載せることは基本的にはない。写真を見れば、性別、人種、年齢、場合によっては容姿という差別につながりやすい要素が明らかになるからである。同様の理由で、履歴書には、婚姻や子供の有無を記載することもない。イギリスでも、採用時に応募者の障害や病気を質問することは、採用差別を招きかねないとして、合理的配慮のために必要な場合を除き禁止されている。これに対し、日本の履歴書は個人情報がフルオープンだ。不合格となった学生の履歴書が流失しているとの噂は絶えないし、採用時におけるHIV感染やB型肝炎の無断検査が違法とされた裁判例も少なくない（HIV感染者解雇事件・東京地判1995.3.30）。

　では、面接試験では、どのような質問が許されるだろうか。基本的には、業務に関連する事項に限定されるが、自己に不利益な事項を自分から進んで告知する義務はない（尚美学園大学事件・東京地判2012.1.27）。問題は、告知したら採用されないであろう応募者の不利益情報を告知する義務があるのか否か、虚偽の回答をしたことのみを理由として内定取消しや解雇ができるか否かが問題となろう。

　なお、職安法は、求人企業等が求職者の個人情報を収集する場合には、業務目的の範囲内のものであること、本人から収集すること、他人から収集する場合には本人の同意を得ることを求めている（5条の4）。収集が禁止される個人情報として、①人種、民族、社会的身分、門地、本籍、出生地、家族の職業・収入、本人の資産、容姿、スリーサイズ等、②人生観、生活信条、支持政党、購読新聞・雑誌、愛読書等、③労働運動、学生運動、消費者運動等が挙げられている。

　最高裁は、労使の信頼関係（信義則）から、求職者の思想信条を聞いても良いとのお墨付きすら採用者に与えている（三菱樹脂事件・最判1973.12.12）。しかし、これは労働契約締結過程における求職者に対するプライバシー保護義務違反として、契約締結上の過失と評価されるべきであろう。ともかく、入社後より弱い立場に置かれているため、無視されがちな応募者のプライバシーが尊重されることが何よりも重要である。

ゆうきゃん　　　　　　　　　　　　　　　　　　7分前

仕事と関係ないことは、面接で聞いちゃいけないんだ。たしかに、結婚や家族の有無なんてのも、今は聞かなくなってきているね

さくらもち　　　　　　　　　　　　　　　　　　6分前

え、マジ？私めっちゃ聞かれたけどｗ？
てか、バイトの面接でも普通に「お子さんの面倒見る人いるの」って聞かれたしｗ

かっけ　　　　　　　　　　　　　　　　　　　　4分前

うーん、でもそれは仕事と関係あるからじゃない？後から「子供の面倒見るから」とかって簡単に休まれたら、やっぱ迷惑だと思うんだけどなあ

ゆうきゃん　　　　　　　　　　　　　　　　　　2分前

たしかに、そういう発想の人はまだまだ多いね。病歴とか通院歴とかも、本当はだめだけど、仕事のためなんだから「聞くのは当然」と思ってる使用者多いよね

サイカク　　　　　　　　　　　　　　　　　　　3分前

ユーたちのその発想から変えないと変わらないぜ！

かっけ　　　　　　　　　　　　　　　　　　　　0分前

でもさすがに、大きな病気の人とかがパイロットとかになったりしたら危ないじゃん。それはむしろ面接で聞かないとヤバくない？

さらに考えてみようー私たちの周りの『リアル』ー

うつ病で心療内科に通院中の Ａ さん。ちゃんと薬を飲んでれば、いちおう症状は落ち着いてるんだけど。 Ａ さんは、採用面接のときに聞かれたら、正直に通院中って言わないとダメかな？でも言っちゃうと、採用されなそうだし…。

2章

おしごと開始！ …あれ？

#チャットルーム

あんかちゃんの夫は、最近人手不足のようで毎日終電帰り。声をかけても「会社のルールだから逆らえない、逆らったらクビだから」の一点張り。

あんかちゃん 47分前

残業はないと聞いていたのに、ひどいです。そもそも会社のルールってなんだろう？

ゆうきゃん 42分前

たぶん就業規則のことだろうね
就業規則の中に「会社の時間外労働を正当な理由なく拒んだ場合は解雇する」とかって書かれているんだよ

かっけ 40分前

校則と同じで、ルールなら守らないとしょうがないのか

ナナリー 38分前

私の大学でも、セクハラ教授がクビになったりしたから、ルールは必要かもしれないけど
でも、毎日終電帰りで、逆らったらクビってのはひどすぎない？

かっけ 37分前

はあ、働きたくないでござる…

いくら「職場のルール」だからといっても、どんな内容でも守らないといけないの？
また、守らないとクビになってしまうの？
ここでは、そんな「職場のルール」をめぐる問題を中心に見ていこう。

▼

（1）働く条件って、どこで決まっているの？──労働条件

■労働条件っていったい？

　「ブラック企業だけは就職したくない！」と思っている人は多いはずだ。法律上は、ブラック企業にはっきりとした定義があるわけではないが（123頁参照）、長時間労働や過重なノルマ、賃金不払い残業などが多いところはいかにもブラック企業、という感じだろう。

　それはさておき、何時間働くか、いくらで働くか、休みはいつか、どんなノルマか…。こういった働く条件のことを、労働法では「労働条件」と呼んでいる。この「労働条件」は、どこでどう決まっているのだろうか？　まずはそこから見ていこう。

■なんといっても、労働契約！

　労働条件はどこで決まってると思う？　法律？　…後述のように全く無関係というわけではないが、残念ながらちょっと違う。じゃあ正解は？　実はなかなか難しいのだが、しいて言うなら「労働契約」ということになるだろう（ただし公務員の場合は、そもそも契約関係ではなく、労働条件は法律や条例で決まっている。11頁参照）。なお、「契約」というと契約書が必要？　と思うかもしれない。もちろん、トラブル防止のためにも契約書はあったほうがいいが、なかったとしても、労働契約そのものは口頭の約束だけでも成立する（諾成契約）。

　労働契約とは何か、ということを改めて法的に説明すると「労働者が、使用者の指図に従って働き（労務提供）、その対価としてお金（賃金）をもらうこと」についての労働者と使用者の合意、ということになる。結局、何時間働くのか、給料はいくらか、休みはいつか…などといったことは、その「合意」の中で決められるものなのだ。ちなみに「労働契約」は、「雇用契約」といわれることも多い。一緒なのか違うのかは諸説あるが、さしあたり同じ意味だと理解しておけば十分だ。

■でも、実際に労働条件を決めているのは…

　このように、労働条件は「労働契約で決まっている」のだが、実はちょっと
やっかいだ。というのも、小さい企業なら、使用者が労働者一人ひとりと話し
あって労働条件を決める…ということもあるだろうが、ある程度以上の規模の
企業ともなれば、そんなふうにいちいち１人ずつ労働条件を決めるということ
は現実的ではない。こういうこともあって、ほとんどの場合は<u>就業規則や労働
協約（特に前者）に書かれている労働条件が、そのまま労働契約の内容になっ
ている</u>し、法的にもそれが許容されているのだ（労契法７条、労組法16条。就業
規則については27頁以下で、労働協約については50頁以下で詳しく述べる）。

　ということで、「使用者と労働者が個別に合意して労働条件を決める」とい
うことは実はそんなに多くない。ただ、全くないわけではなく、たとえば、そ
もそも就業規則がないような小さい職場なら、上で書いたように、労働契約の
内容は、使用者と労働者が個別に合意した労働条件になっているだろう。また、
「就業規則はあるけど、就業規則には書いていないこと、あるいは書いてある
こと以上のことを合意している」という場合もある（就業規則では通勤手当の上
限があるけど、新幹線通勤のＡさんだけ、個別に合意してそれより多めに払っている、
みたいなパターン）。

　さらには労使慣行というのもある。これは就業規則などではっきり書かれて
いるわけではないけれど、けっこう前から繰り返されていることで、労使双方
（特に使用者側）が「そういうものだ」と認識しているようなときには、それが
労働条件になる、というものだ（民法92条）。たとえば「就業規則では『終業は
６時』となっているけど、皆５時半に帰ってて、使用者も文句いってない」み
たいなケースだ。ただ「就業規則では『終業は５時半』だけど、実際には６時
まで帰れない」といったように、就業規則より不利な慣行はそもそも労働契約
の内容にはならない（労契法12条）。また当然だが「昔からウチは、新人は休日
なしが当たり前だ」みたいな法律違反はダメだ。

■じゃあ法律は関係ないの？（´ з `）

　労働条件は法律で決まっているわけではない、というのはなんとなくわかっ
てもらえただろうか。といっても、「法律が全く関係ない」ということではない。

特に労基法や最賃法は、労働条件の最低ラインを決めており（労基法13条、最賃法4条）、それよりも低い条件で労働条件を決めた場合、法律が決めている最低ラインで契約したことになってしまうのだ。

　わかりにくいので最賃法の例で説明しよう。たとえば「時給500円ということで、労働者がサインしてハンコを押した」という場合、明らかに最賃法違反だが、どうなるだろうか。この「時給500円」という約束はなかったことになり（強行的効力という）、最低賃金（東京都なら1013円（2020年度））で契約した、ということになるのだ（直律的効力という）。

　「え、でもサインしてハンコ押してるんだし」と思うかもしれないが、それでもダメ。なんなら「（イケメン社長と仕事できそうだし）時給500円でいいから働かせてください♥」みたいに、労働者のほうから申し出ていたとしてもダメなのだ。これは、せっかく法律で「人間らしい生活のため」ということで最低基準を置いているのに、「それ以下で働いてもいい」というのがアリだと、結局雇うほうも、そういう人ばっかり雇うようになりがちで、せっかく法律で、最低の基準を置いている意味がなくなってしまうからなのだ。

■結局、何で決まってるの？

　ここまでの復習も兼ねて、最後に賞与（ボーナス）を例に見ていこう。賞与は、日本では割とどこでも見られる仕組みではあるが、労基法の中で「払え」となっているわけではないので、当然にもらえるわけではない。あくまで、労働契約の中で「賞与を払う」ということになっていないともらえないものだ。

　就業規則や労働協約などに「賞与は年2回払う」などといった規定があれば、それが労働契約の内容になっているから、それに沿って賞与をもらうことができる。また、会社に就業規則がない場合、あるいは就業規則はあっても賞与の規定がないような場合でも、個々の労働者との間で賞与の支払いが合意されていたりとか、「毎年夏と冬の2回、賞与が支給されている」という労使慣行が成立していれば、労働者は賞与をもらう権利がある、ということなのだ。

（2）実は労働条件のほとんどを決めている——就業規則

■よく出てくるけど、就業規則って何？

就業規則とは、大雑把にいえば「労働条件や、職場で守るべきことが書かれたルール」のことだ。（1）でも見たように、就業規則には、賃金や勤務時間など、従業員の労働条件関係のことがいろいろ書かれている。また実際には、それ以外に「従業員が守るべきこと」が書かれていることも多い。たとえば「整理整頓に努めること」「会社の指示に誠実に従うこと」などだ（服務規律）。このあたりは学校の校則とも似ているね。

また「就業規則は職場の法律」なんていう人もいる。たしかに、みんながそれを守って働くという点では、似ていなくもない。でも、就業規則はあくまでも使用者が一方的に作るものだから、その点は法律とは明らかに違う。

■就業規則って、どうやって作られるの？——作成・手続

労基法では、就業規則を作ることは使用者の義務だ。具体的には、常時10人以上の労働者（パート、アルバイト等も含む）を使っている事業場（本社、支店、工場など）では、使用者は必ず就業規則を作らなければいけない。

就業規則を作る場合（実は変えるときも同じだが）、一定の手続が必要となる。まず使用者は、過半数代表（その事業場の全労働者の過半数で組織された労働組合。それがない場合は、過半数を代表する者）の意見を聴き、その意見書をつけて、行政官庁（労働基準監督署長）に届け出なければならない（これは「内容に反対」という意見でも特に問題はない）。そしてその就業規則の内容は、ちゃんと労働者に周知しないといけない。周知のやり方としては、作業場に掲示したり、書面で配ったり、パソコン等で見られるようにしておく、といったものが考えられる。

また、就業規則に書かなければいけないことも法律で決まっている。労基法では、始業・終業時刻、休憩時間、賃金の計算方法・支払い方法、退職や解雇の手続などは絶対に就業規則に書くことになっている（絶対的必要記載事項）。これに対し、「制度として行うならちゃんと書け」というものがある（相対的必要記載事項）。具体的には、退職金や賞与などだ（やらないなら書く必要はない）。

それ以外は、あってもなくてもよく（服務規律などは、法律上は別になくても構わない）、それは任意的記載事項と呼ばれる。

■就業規則が作られるとどうなる？——就業規則の法的効力

就業規則が作られると、法律上は次の2つの強〜い力が認められる。

①職場全体の最低基準としての効力

まず1つ目は、就業規則に書いてある労働条件が、その職場で働く際の最低条件となるというものだ。たとえば、就業規則で時給1500円となってたら、たとえ労働者が使用者との間で「時給1200円でいい」と言ってても、1500円払わないといけない（労契法12条）。逆にこれに対して、「時給1800円」と合意していれば、1800円払わないといけない。あくまでも最低基準なので、個別合意のほうと比べて、労働者に有利なほうが適用されるというわけだ。

②労働契約の内容（労働条件）を決める効力

2つ目は、（1）でも述べたが、就業規則に書かれている労働条件が、労働契約の内容を決めるという効力だ。労契法7条も、合理的な労働条件が定められた就業規則を労働者に周知させていた場合には、就業規則に書かれている労働条件が労働契約の内容になる、としている。この効力があるからこそ、使用者は、わざわざ一人ひとりと話し合わなくても、従業員全員の労働条件を統一的・画一的に決めることができるのだ。

では、就業規則に書いてありさえすれば、どんなにひどい労働条件でも、労働契約の内容になってしまうのだろうか？　結論からいえばそうではない。まず当然だが、法律に違反するような内容の条件になることはない（労契法13条）。また、明確に法律違反とはいえなくても、あくまでも内容が「合理的」であり（＊1）、しかもそれがちゃんと労働者に「周知」（＊2）されていることが必要だ。つまり、あまりにもおかしな内容だったり、あるいはちゃんと労働者に周知されていない労働条件の場合には、労働契約の内容にはならないのだ。ここはややこしいが、「就業規則に書いてありさえすれば、絶対に拘束される」というわけではない、ということだけは押さえておこう。

なおこれらの効力は、事業場全体に及ぶという意味でも、とっても強いものだ。それでもやっぱり、使用者が一方的に決められる、という点ではちょっと

心配にもなるだろう。だからこそ法律でも、就業規則作成・変更時の行政官庁への届出義務や、「合理性」「周知」要件などを通じて、労働者があまりにもひどい条件で働かされることがないようにしようとしているのだ。

（参考裁判例）　＊１…日立製作所武蔵工場事件・最判1991.11.28
　　　　　　　　＊２…フジ興産事件・最判2003.10.10

（3）給料カット！？　どうしよう〜——労働条件の引下げ

■労働条件は簡単に下げられないと困る！？

　働いていると「未曾有の経営難のため、来月から給料10％カット」なんて話もあったりする。これは「労働条件の引下げ」とか「不利益変更」といわれる問題だ。

　そもそも、どうして労働条件の引下げなんて話がでてくるのか。よくいわれるのは、労働契約は人によっては何十年も続く長い契約だから、その間に会社の経営環境が悪くなれば最初に約束した労働条件だと厳しくなることもある、だったら経営環境の変化に合わせて労働条件も柔軟に下げられないとおかしいだろう、というものだ（じゃあもうかってる時には上げてくれよ、といいたくなるが）。

　まあ実態としてはそういう面もあるかもしれない。でも、今月のスマホ代が厳しくても、安くはならないよね。法的にも「約束は守られなければならない」「約束を変えるなら合意しろ」というのが大原則だ。なのに「労働条件は柔軟に下げられないのがおかしい」というのは、法的にはちょっと変だ。少なくとも、そう簡単に引き下げていい、ということにはならないはずだ。

　労働条件の引下げには、就業規則の規定を変えるというパターン（就業規則の不利益変更）とそれ以外とがある。ここから見ていこう。

■就業規則の不利益変更①——原則は「合意」が必要！

　（1）（2）でも触れたように、就業規則で書かれている労働条件がそのまま労働契約の内容になっていることが多いため、労働条件の引下げは、「就業規則の不利益変更」という形でなされることが多い。

　原則としては、労働者の合意がなければ、就業規則を不利益に変更できない

（労契法9条）。しかしこれには例外があり（労契法10条）、変更が合理的で、変更後の就業規則が労働者に周知されれば、合意しない（＝引下げに反対している）労働者についても、変更後の就業規則が適用される、となっている。

「合理的」とか「周知」とかいうのは前にも出てきた（労契法7条）が、こっちは「合理的」の基準がもうちょっとハッキリしている。具体的には、①労働者の受ける不利益の程度、②（使用者側の）労働条件の変更の必要性、③変更後の就業規則の内容の相当性、④労働組合等との交渉状況など、とされている。まあそれでもやっぱりよくわからん、といわれればそうなのだが、基本的には、労働者の受ける不利益と使用者の事情（＋α）を比べて判断しよう、ということだ。また、代償措置（＊1）など埋め合わせの存在や、特定労働者（高齢労働者など）にばかり不利益が集中しすぎていないか（＊2）なども考慮される。

■就業規則の不利益変更②──「合意」さえあれば引下げOK！？

最近増えているのが、労働者から承諾のサインやハンコなどをもらったうえで、就業規則の不利益変更を行う、というケースだ。上のパターンと何が違うかというと、上のケースはあくまでも労働者が変更に反対している場合であり、こっちは労働者が一応は変更に賛成（合意）している、という点だ。賛成してるんだから、特に問題ないのだろうか？

2つの考え方があり、1つは「合意があれば就業規則の不利益変更はできる」というもの（合意基準説）で、もう1つは「労働者がサインしていても、変更内容が合理的なものでなければダメだ」とするもの（合理性基準説）だ。

労契法9条は「労働者の合意がない限り、就業規則の不利益変更はできない」と書いてあるんだから、裏を返せば合意基準説のように、「労働者の合意があれば不利益変更できる」と読めそうだ。でも実際、会社のエライ人に「これでいいよね？　じゃサインして！」といわれても、どういう変更なのかがそもそもわかってないこともあるだろうし、わかっていても現実にはなかなか断れないだろう。ちょっと細かいが、合意基準説に立つと、変更後の就業規則に合理性がなければ「合意しなかった人には変更前の、合意した人には変更後の就業規則が適用される」ことになり、いくらなんでも非現実的だ。そこで判例（＊3）は、「合意があれば不利益変更できる」としながらも、「労働者が自由な意

思で合意したといえるか」については慎重に判断する（たとえば、不利益の内容
や程度、合意の経緯、労働者への情報提供や説明などに照らす）としている。

■就業規則以外による不利益変更も

労働協約（後述）が不利益に変更される場合もあるが、こっちは就業規則と
違い、特定労働者の狙い撃ちが目的といった場合などでもなければ不利益変更
は認められやすい（これは51頁以下で後述）。また、就業規則がなかったり、あっ
てもそれより有利な条件で合意していた内容が引き下げられた場合（就業規則
では時給1500円となっていたが、個別に合意して2000円もらっていた場合で、それが
1800円に下げられたなど）は、労働者の同意がなければできない（労契法 8 条）。

（参考裁判例） ＊ 1 …第四銀行事件・最判1997. 2. 28
　　　　　　　＊ 2 …フジ興産事件・最判2003. 10. 10
　　　　　　　＊ 3 …山梨県民信用組合事件・最判2016. 2. 19

（4）お互いに守らないといけないことも——労働契約上の義務

■「カネ払ってるんだから言うこと聞け」は正しい？

労働契約とは、一言でいえば「働いて、給料をもらう（使用者からすれば、働
かせて、給料を払う）契約」だ。つまり労働者にとっては、働くことが義務で、
給料をもらうことが権利。使用者にとっては、給料を払うことが義務で、働か
せることが権利、というわけだ（民法623条、労契法 6 条）。

しかし、「働くこと」と「給料を払うこと」だけがすべて、というわけでは
ない。ここではそんな話を見ていこう。

■労働者の義務には、どんなものがある？

①労務提供義務

労働者の大事な義務は何といっても「働くこと」（労務提供義務）だが、現実
には、採用段階で、義務の具体的な中身（仕事内容）を全部細かく決めること
はまずありえない。なので結局は「この書類作って」「出張行って」みたいに、
使用者のそのつどの指示（業務命令）で確定することになる。これを法的にい

うと「使用者は労働契約を結ぶことで、その範囲で労働者に指示をする権利（業務命令権）を手にし、それに基づき、指示をして働かせることができる」となる。ただ、「業務命令」というと「何でもあり」みたいな感じもするが、そうではない。業務命令が出せるのはあくまでも「労働契約の範囲内」だけ。範囲内でも、労働者を危険にさらしたり、嫌がらせ目的の業務命令などは許されない（労契法3条5項）。

　なお労務提供義務をめぐっては、提供方法も問題となる。たとえば、仕事中よそ見ばっかりとか、危険なのに防護服を着ないのはまずいだろう（誠実労働義務といわれる）。とはいえ、（純情な精神で入社して（？））注意力の全てを仕事に注ぎ込め、他事を一切考えるな、というのはムチャだ。まあ基本的には、法律を守っていて、仕事に支障もきたさず、大事故につながらないよう気を付けて仕事してれば問題ない。

②付随義務（競業避止義務など）

　いくら仕事時間外でも、仕事で知った個人情報を悪用したり、会社の悪口をSNS で拡散したりはまずいだろう。そのあたりは就業規則で禁止されていれば明らかにダメだろうが、労働者も使用者もお互い信頼関係があるんだから、わざわざ書いてなくても、相手を裏切るようなことはやっぱりダメだ（信義則）。

　これらは契約にくっついている義務ということで「付随義務」といわれるが、特に問題となるのは、勤め先で知ったノウハウ等を活かして同業会社を立ち上げたりする「競業」だ（そういったことをしない義務を競業避止義務という）。たしかに、在職中の競業はまずいだろう。でも、経験を活かして転職したい、ということはあるだろうし、労働者には職業選択の自由（憲法22条）がある。だから、少なくとも退職後は、明確な合意などがなければ競業避止義務は負わないし、仮に合意があっても、制限範囲が不当に広すぎないとか、かなりの見返り（金銭的補償など）がある場合でなければ、基本的には競業は問題ないだろう。

　また、競業と似たものに兼業（副業）がある。これは労働者が、休日や深夜などに、本業とは別のところで働いて給料をもらったりすることで、就業規則で禁止されていたり、許可制になっていることが多い。本来、仕事時間外なら何をしても労働者の自由なのだから、不当な競業や本業に支障をきたす兼業などでなければ、基本的には制限されるべきではない。最近は、兼業解禁は地域

創生にもつながる（本当？）とかで政府も後押ししている。もっとも、本業の給料が安すぎて兼業せざるを得ない人が多いことも見逃せないだろう。

　ちなみに付随義務の一環として、労働者は企業秩序を守る義務（企業秩序遵守義務）がある、という考え方もあり、判例（＊1）でも時々出てくる。秩序はたしかに必要だろうが、これまた曖昧すぎて下手をすると義務の範囲がどこまでも広がりかねないので、この考えには批判も多い。

■使用者の義務には、どんなものがある？

①労務受領義務

　使用者の中心的な義務は給料を払うことだが、「給料は払ってやるが、仕事はさせない」みたいなトラブルもある。仕事せずに給料もらえればラッキー、という人もいるだろうが、1日中ヒマというのも案外苦痛だ。労働者が働きたいといっている場合、使用者はそれを受け入れる義務（労務受領義務）があるのだろうか。裁判例は、使用者の労務受領義務（労働者の就労請求権）を否定するものがほとんどだが、学説は、働くこと自体に法的な利益があるなどとして、裁判例の立場に批判的なものが多い。

②付随義務（安全配慮義務など）

　労働者も使用者も信頼関係があるということで、使用者も付随義務を負っている。その代表的なものが、労働者の生命・健康などを危険から守るように配慮しなければならない、という義務（安全配慮義務、労契法5条）だ。

　仕事が原因で死んだりケガをした場合は「労働災害」として国からの補償を受けられるが、それとは別に、労働者や遺族が使用者に対し、安全配慮義務違反を理由として損害賠償を請求することもある（（＊2）。厳密には、安全配慮義務違反（債務不履行）のほか、不法行為（民法709条）を根拠としてなされる場合もある）。安全配慮義務は、もともとは機械に挟まれたり転落したりといった労働災害を念頭に置いた議論だったが、最近では長時間労働等に起因する過労死・過労自殺（＊3）、精神疾患などにも広がりを見せている。

　過労死などでは、使用者側から「労働者が勝手に働いていただけだ」といった主張がよくなされる。でも、仕事量も減らさずに長時間労働を放置してたなら、責任はやっぱり免れないだろう（事情によっては損害賠償額が減らされること

もあるが）。特に最近は、実際に健康被害が生じてなくても、長時間労働というだけで安全配慮義務違反を認めた裁判例（＊4）も出てきている。

　また、働くことは、生命・健康だけでなく、労働者の人格全般（名誉や信用など）にかかわる。働くうえで、こういった人格的利益が不当に侵されないよう配慮することも使用者の付随義務の1つだろう。こうした義務は職場環境配慮義務として、ハラスメントなどの場面で主張されることが増えてきている。

> **（参考裁判例）** ＊1…国鉄札幌運転区事件・最判1979.10.30
> 　　　　　　　＊2…自衛隊車両整備工場事件・最判1975.2.25
> 　　　　　　　＊3…電通事件・最判2000.3.24
> 　　　　　　　＊4…無洲事件・東京地判2016.5.30、狩野ジャパン事件・長崎地大村支判2019.9.26

（5）秩序を乱すやつにはオシオキが必要？——懲戒処分

■懲戒処分ってなんだろう

　会社のお金の使い込みがバレて懲戒解雇になったとか、部下へのパワハラで停職になったとか、そんなニュースを目にしたことはないだろうか。こんなふうに懲戒処分とは、労働者が組織の体面を汚す行為をしたり、組織のルールに違反したようなときに、使用者が下す制裁のことだ。ここでは、そんな懲戒処分について見ていこう。

■どんな処分があるの？——懲戒処分の種類

　公務員については、法律の中で戒告・減給・停職・免職の4種類の懲戒処分が置かれている（国公法82条以下、地公法29条以下）が、民間労働者については、具体的な懲戒処分の種類が法律で決まっているわけではない（減給の上限だけはあるが）。ただ、労基法89条9号で「制裁の定め」を置くなら種類・程度について就業規則に書け、となっているので、だいたいの企業は、それぞれ独自の懲戒処分制度を就業規則の中で置いている（逆にいえば、規定がないとそもそも懲戒処分はできない）。

　なので懲戒処分の種類や内容は企業ごとにまちまちだが、軽い順から、けん

責・戒告（どちらも口頭での注意。戒告は始末書の提出を意味することが多い）、減給（給料の一定額をカットする。ただし労基法91条で、1回のカット額は平均賃金の1日分の半額までとなっている）、出勤停止（一定期間出勤を禁止する。通常は無給）、懲戒解雇（制裁としてのクビ。退職金は出ないことが多い）といった分類が一般的だろう。また、懲戒解雇の一歩手前としての諭旨解雇（一定期間内の自主退職を促して、その間に退職しない場合は懲戒解雇にする）や、降格の制度が置かれていることもある。

■なんで「制裁」できちゃうの？——懲戒権の法的根拠

　懲戒処分というのはある種の「制裁」だが、そもそもなぜ使用者がそんな物騒なことをできちゃうんだろう？　「いやあ、ルールを守らないやつは、罰を受けて当然だ」と思うかもしれない。たしかに、学校でも部活でも、組織である以上は、「ルールを守ってもらわないと困る」という面はあるだろう。

　でもちょっと待ってほしい。内緒で彼氏を作った友人（リア充）に制裁を加えたらヤバいよね？　ファミレスで注文を間違えた店員に制裁を加えたらヤバいよね？　要は、一般社会で「制裁」なんてほんとにやっちゃったらまずい（下手したら犯罪）のに、なんで使用者は労働者を制裁（懲戒）できるの？　ってこと。これは「懲戒権の法的根拠」ともいわれる問題だ。

　「組織維持のために、使用者は当然そういうことができる（むしろ、できないと困る）」という考え方もあるが、組織の維持という理由だけで制裁を加えていいというのはちょっと乱暴だ。そこで一般的には、「懲戒できる権利が労働契約の内容になっている場合に、初めて使用者は懲戒できる」と考えられており、判例（＊1）も「労働者は労働契約を結ぶことで、企業の秩序を守る義務（企業秩序遵守義務）を負うんだから、使用者は企業秩序を守るために懲戒の権利がある」としている。まあ、企業秩序を守るために懲戒できる、ってあたりはちょっと抽象的なのだが、別の判例（＊2）では「懲戒処分をするためには、就業規則の中でルールをちゃんと定めて、それを労働者に知らせてないとダメだ」ともされているので、結論的には判例も、懲戒できる権利が労働契約の内容になってないとダメ、と考えていることがわかる。

　こうしてみると、懲戒処分って労働者にはおっかないイメージがあるが、民

法の考え方だけだと、ルールを守らなかった場合、契約の解約（つまりクビ）か損害賠償請求のどっちか、ということになっている。その点では、懲戒処分という制度は、いきなりクビにならなくてすむという点では労働者にプラス、と考えられなくもない…という学説もあるが、どう思う？

■好き勝手にオシオキだべぇ〜とはいきません──懲戒権の制限

　どっちにせよ、懲戒は労働者には影響が大きいわけだから、いい加減な理由でやられたら困る。そこでいくつかの法規制が置かれている。

①就業規則に処分の種類と事由が定められていること

　労基法89条にも規定されているが、まずは「何をやらかすとどういう種類の処分を受けるのか」がちゃんと就業規則に書かれていることが必要。刑法には罪刑法定主義（ちゃんと法律で定まっていないことに刑罰は科せない）という考え方があるが、懲戒もそれと似ていて、イケナイと言われてもないのに制裁されたんじゃたまらないからだ。また当然だが、就業規則の規定に引っかかるような行為が本当にあったのかも、慎重に判断されなければならない。

②懲戒権の濫用にならないこと

　就業規則の規定に引っかかる行為が実際にあったとしても、懲戒処分が権利の濫用になるような場合は許されない（労契法15条）。「会社のボールペン持ち帰ったら懲戒解雇」みたいに、ほめられた行為ではないけど処分が重すぎるとか、「出張旅費のゴマカシで減給になったけど、一緒にやった同僚は戒告だけですんでいる」みたいに、自分だけ処分が重すぎるような場合は権利濫用になる可能性が高い（実際には、金額や労働者の事情、労働者の態度なども影響してくるので一概には言えないが）。そのほか、使用者が処分を正当化するために、後から「コイツはこんなこともやってた！」みたいな感じで、処分の理由を追加してくることも現実にはある（＊３）が、これも許されない。

■具体的に何をやらかすと処分されるの？

　問題となりやすいケースとして、①経歴詐称（学歴、職歴など）、②業務命令違反（配置転換の拒否など）、③職場規律違反、④私生活上の問題行為、⑤競業行為や無断での兼業などがある。

経歴詐称には、たとえば高卒を大卒と偽るようなケースだけでなく、大卒を高卒と偽るようなケースも含まれる。大は小を兼ねるからいいんじゃないの？という気もするが、判例は、嘘をつくこと自体が企業秩序の維持を揺るがすもので許されないと見ているようだ（＊4）。職場規律違反は、パワハラやセクハラ、会社物品の私的利用（無断持出し、私用メール等）などの他、あいつぐ無断欠勤や遅刻なども懲戒事由に該当しやすい（遅刻は、大学の講義だと珍しくないかもしれないが、就職したら想像以上に厳しいので注意！）。私生活上の問題行為は、本来的にはそれ自体は仕事とは直接関係がないので懲戒処分対象とするのは難しいはずだが、その行為が使用者の信用・名誉を傷つけるものだと処分が有効と認められやすい（飲酒運転などで特に問題となる）。

（参考裁判例） ＊1…関西電力事件・最判1983.9.8
＊2…フジ興産事件・最判2003.10.10
＊3…山口観光事件・最判1996.9.26
＊4…大学除籍中退を高卒と偽っていたケースとして炭研精工事件・最判1991.9.19

サイドストーリー4　労使協定ってなに？

　労使協定ってなんだろう？　労基法には「労使協定」という名称は直接出てこ
ないが、条文上は、労働者の過半数で組織する労働組合（それがないときは、労
働者の過半数代表者）との、書面による協定とされている。

　労基法は、最低基準の労働条件を罰則付きで定め、使用者にそれを守らせてい
る。しかし、職場によっては、労使が、「もうちょっと緩くてもいい」と考える
場合もありえる。そこで、一定要件を満たした場合に、この最低基準を緩和する
ものが労使協定であり、代表的なものが、時間外労働に関する労使協定（36協定）
なのだ。36協定を締結し、行政官庁（労基署長）に届け出ることで、使用者は時
間外や休日の労働等を労働者に命じることができるようになる（ただし厳密には、
あくまでも、「働かせても労基法違反でなくなる」だけで、労働者を実際に働か
せるためには、就業規則の合理的な規定など、別の根拠が必要だ（前掲・日立製
作所武蔵工場事件最高裁判決）。なお、労基法では、次の13項目の労使協定がある。

> ①貯蓄金の管理協定（18条2項）、②賃金の一部控除（24条1項）、③1カ月
> 単位の変形労働時間制（32条の2）、④フレックスタイム制（32条の3）、⑤
> 1年以内の変形労働時間制（32条の4）、⑥1週間単位の変形労働時間制（32
> 条の5）、⑦一斉休憩原則の解除（34条2項）、⑧時間外・休日労働（36条1項）、
> ⑨割増賃金の例外（37条3項）、⑩事業場外労働時間のみなし制（38条の2第
> 2項）、⑪裁量労働時間のみなし制（38条の3第1項）、⑫計画年休（39条6項）、
> ⑬年休取得者に対する標準報酬月額（39条9項）
> 下線＝労基署長への届出が必要

　労使協定が有効になると、その効果は全労働者に及ぶが、そのためには、「労
働者の過半数代表者」も、適切に選ばれないといけない。具体的には、労基法上
の管理監督者でないこと、投票や挙手等の方法で選ばれた者であることが要件だ
（労基則6条の2）。

　ちなみに、会社役員も加入している親睦会の代表者を自動的に過半数代表とし
て36協定を締結していたケースで、過半数代表者の選出方法が適法ではないとし
て、協定の効力が否定された事案もある（トーコロ事件・最判2001.6.22）。36協
定が有効だという前提で、これまで労働者を働かせていたのだから、協定が無効
だった場合の影響は計り知れない。実際は、結構いい加減に選ばれたりしている
こともあるが、過半数代表の選び方は気を付けなければならないんだ。

かっけ　　　　　　　　　　　　　　　　　　5分前

労働契約とか労働協約とか労使協定とか、あ〜ややこしーッ！

あんかちゃん　　　　　　　　　　　　　　　　5分前

働くときの条件はとても大事ですが、たしかにあまり確認しないですね。

さくらもち　　　　　　　　　　　　　　　　　4分前

そうそう。後から「マジ？」ってこと、よくあるもん
パートでも、就業規則はちゃんと見せてもらえるんだね。てか、うちの店、そもそも就業規則とか絶対なさそうｗｗ

ゆうきゃん　　　　　　　　　　　　　　　　　2分前

ぼくのところも時々労働相談が来るんだけど、就業規則がないと、どう問題なのかはっきりしないことが多いんだよね
ま、就業規則って何ですか、って人がかなりいるんだけど

サイカク　　　　　　　　　　　　　　　　　　1分前

契約内容をちゃんと確認するのは当然デース。かっけとか見落とさないようにね

かっけ　　　　　　　　　　　　　　　　　　　0分前

うっせぇわｗあ、今週はじまるイベント見落としてたお？！クリアすると経験値が倍に！やらなあかん！

さらに考えてみようー私たちの周りの『リアル』ー

職場の飲み会。上司から、「最近の若い者は、飲み会にも来ない」「飲みニケーションが大事なのに、最近の若者は…」と説教された。給料も出ないのに、なんで時間外に お金払ってまでそんなの行かなきゃいけないの？

3章

職場の仲間って必要？

#チャットルーム
「鶴の恩返しパートⅡ」、5月になって、新たなイベントがスタート。

かっけ 50分前
メーデーイベントキター──(ﾟ∀ﾟ)──!!

ナナリー 49分前
私もやったwそういえば労働法の授業でもメーデーってでてたけど関係あるのかな

ゆうきゃん 47分前
メーデーはもともと「労働者の日」だからね。うちの労働組合も毎年集まっているよ

さくらもち 45分前
組合って私はパートだから関係ないけど、そういやうちの店長、組合作って本部に文句いうんだっていってた

ゆうきゃん 42分前
パートでも入れる組合はあるよ。コンビニの店長が組合作れるかは問題になってるけど

かっけ 40分前
組合が大事なのもわかるけど、この前ドライブいったらストライキで店閉まってて。やるなら迷惑かけないようにやってほしい

サイカク 40分前
それじゃストの意味がないよ

かっけ 39分前
え、どゆこと？

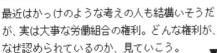
最近はかっけのような考えの人も結構いそうだが、実は大事な労働組合の権利。どんな権利が、なぜ認められているのか、見ていこう。 ▼

（1）労働組合ってなんだろう？──労働組合とは

　おそらく多くの大学では、全15回の労働法の授業の中に、個別法、集団法の重要テーマをどう織り込むか、担当教員が頭を悩ませていることだろう。中でも一番難しいのが、10代〜20代の若い世代に労働組合についてどんな言葉で語るか、ということである。

　学生と労働法との一番の接点はアルバイトだが、アルバイト先で何らかのトラブルや困難に直面したとしても、「労働組合」を思い出すことはほぼ皆無といえるだろう。社会人ですら、組合組織率17％という数値が示すように、私たちの社会から労働組合の存在感はどんどん希薄化している。さらに言えば、民間企業の組合員の90％近くが企業別組合である。学生が労働組合という言葉に"ピンとこない"のは、考えてみれば当たり前のことかもしれない。

　それでもやはり、労働組合は、昔から変わることのない普遍的かつ強固な権利が法律上（最高法規である憲法の中でも）保障された「特別な」組織であることも事実である。ここでは、労働組合が法律上どのような権利を保障された組織なのか、改めて確認しておこう。

■憲法の中の労働組合

　憲法28条は、労働者の「①団結する権利及び②団体交渉その他の③団体行動をする権利」を保障している。これら3つの権利を総称して「労働三権」（＝労働基本権）と呼んでいる。労働三権という言葉は実は中学校の公民の教科書でも太字で載っているのだが、おそらく多くの中学校では、実質的な中身を授業で説明することはないのではないだろうか。学生アルバイトも含めたすべての労働者は自分たちの労働条件の改善のために労働組合を作ったり、使用者と対等な立場で団体交渉を行い、さらに、自分たちの要求を実現するため、団体行動（ストライキ）を行う権利が憲法上保障されている。これは労働者として働くすべての人びとのための権利である（ただし、公務員には法律上数々の制限が課されている。詳しくは本章のコラムを見てほしい）。正社員でフルタイムでバリバリ働いている人も、学生アルバイトで週2日、1日3時間だけ働いている人も、

労働三権の保障に差はいっさいない。中には、コンビニでバイトする高校生たちが労働組合をいちから立ち上げて、長年の悪弊だったタイムカード15分切り捨てをストップさせたという事例もある。

■労働組合の要件って？

労組法2条は、適用対象である労働組合を「労働者が主体となって結成し、労働条件の維持改善その他経済的地位の向上を図ることを主たる目的としていること」と定義している。

労働組合の要件をまとめると、上記の他に下記3点を挙げることができる。

A　構成主体：労組法3条により規定された「労働者」が「主体」となり構成されていること。

B　自主性：使用者から完全に独立を果たしており、労組法2条2号但書で定められた例外（たとえば、組合事務所の無償貸与、勤務時間中の賃金カットなしの団体交渉の実施などがこれに当たる）以外のいかなる経費援助も受けていないこと。

C　団体性：複数の人間の結合体であり、組合規約を有し、運営のための組織を有していること。

これらの要件のうち、労組法2条但書1号、2号のいずれかもしくは両方を満たさない組合は「自主性不備組合」として労組法上の労働組合とはみなされず、労組法による法的保護を受けることができない。ただし同条本文の基本的要件を満たしていれば、日本国憲法の労働基本権の保障は受けられる。

■「新しい日常」と労働組合

地球規模で新型コロナウイルスの感染拡大が広がる中「新しい日常」の街の一風景として、外食を避けて家まで食事を届けてくれるウーバーイーツなどのドライバーが急激に増えた。彼らのようにネットを使って単発で仕事を請け負う人たちのことを「ギグワーカー」または「クラウドワーカー」と呼ぶが、これらの人の多くは、会社と雇用契約を結ばず、業務委託契約のような形で「個人事業主」として扱われることが多いため、たとえば配達中にケガや事故にあっても、労働法の保護を受けることができず、すべて自己責任になってしまう。しかもギグワーカーは職場の仲間や同僚が存在しないため、「職場の団結」が

生まれにくく、一人ひとりがアトム化された孤独な存在になってしまう。

　こうした状況は労働組合にとってきわめて困難な壁である。しかし、いくら時代が変わっても、働く者たちが脆弱な立場に置かれ、搾取や権利侵害のターゲットになりやすいという本質は変わらない。1人では弱いから、仲間で団結する、そのよりどころとなる組合の必要性は、高まりこそすれ失われることはないはずだ。たぶん、「組合なんて自分の生活にカンケイねー」と思っているそこのあなたにとっても。

（2）組合への嫌がらせ——不当労働行為

■労働組合を作ったりしたら、クビになる！？

　「労働者には、労働組合を結成する権利がある」と言われても、労働者には「でも、労働組合を作ったら、クビになるのではないか？」という不安がある。実際、「うちの会社で労働組合を作ったら、クビにするぞ！」と社長に脅されたり、また解雇、賃金減額、降格、嫌がらせ的な配転がされたりすることもある。

　実際に、労働組合を結成したり、組合活動に熱心に取り組んだ労働者に対して、使用者が、労働組合活動を妨害するために、解雇、賃金減額、降格、配転などをすることがある。このような行為を「不利益取扱い」という。労組法7条1号は、これを禁止している。すなわち、労働者が組合員であること、または、労働組合の正当な行為をしたことを理由として、その労働者に対し解雇その他の不利益な取扱いをすることが禁止されているのである。

　労組法7条は、労働組合に対する使用者の不公正な行為を「不当労働行為」として禁止している。不当労働行為には基本的に3つの類型があり、その1つが「不利益取扱い」である。あとの2つは、「団体交渉拒否」と「支配介入」である。不当労働行為がなされた場合、労働組合や労働者は、労働委員会という組織に対して「救済」を求めることができる。後から出てくるが、労働委員会には各都道府県に置かれている都道府県労働委員会、国に置かれている中央労働委員会があり、労働委員会の命令には強い力がある。

　たとえば、使用者が、労働組合の結成に関わったことを理由に労働者を解雇した場合、その労働組合や労働者は、労働委員会に対して救済を求めて申立て

を行うことができ、労働委員会はこの解雇が「不利益取扱い」に当たると認定して、使用者に対して、労働者を職場に復帰させる命令（これを、「原職復帰命令」という）と解雇後の賃金の支払い命令（これを「バックペイ命令」という）を出すことができる。

■何が「不利益取扱い」になる？

「不利益取扱い」が成立する要件は、①労働者が組合員であること、または労働組合の正当な行為をしたこと、②使用者から不利益な取扱いを受けたこと、および、③使用者が労働者の組合加入・組合活動を理由として不利益取扱いをしたことである。③の要件は、②の理由が①にあるということだ。

労働組合の「正当な行為」とはどういうことだろうか。たとえば、暴力の行使を伴うストライキは正当な争議行為とはいえないし、勤務時間中の組合活動も原則として正当な組合活動とはいえないが、労働組合の一般的な組合活動（会議や宣伝活動など）や争議行為であれば、憲法・労組法上は問題なく「正当な行為」に当たるだろう。

不利益な取扱いとは、解雇、配転や出向、降格や降給、懲戒処分、いじめや嫌がらせなど、さまざまな行為がこれに当たる。賃下げや解雇などの経済的な不利益に限らず、仕事を与えないなどの精神的な不利益、転居を伴う配転など生活上の不利益、組合活動上の不利益などもこれに当たる。また、組合員の資格が非管理職に限定されている場合に、使用者が、組合員資格を失わせるためにあえて組合員を管理職に昇格させることもある。これは、昇格・昇給があって経済的に利益があるようにも思えるが、組合活動上の不利益もあるため、不利益取扱いと評価されることもありうる。

使用者が労働者の組合加入・組合活動を「理由として」不利益取扱いをした、といえるかどうかは、使用者が労働者の組合加入・組合活動を考慮しなければ、その不利益取扱いをしなかったかどうかによって判断すればよい。

たとえば、労働組合の委員長が、本社から遠方の支社への配転命令を受けたというケースで、使用者は業務上の必要による配転であると主張し、労働組合は組合活動を理由とする配転であると主張したとする。もし、日頃からこの使用者が労働組合を敵視する発言を繰り返しており、この配転が通常の人事異動

のパターンとは著しく異なっており、配転の時期が、その委員長が労働組合内でストライキの方針を提起したときと符合していたというような事情があれば、使用者がこの委員長の組合活動を考慮しなければ、配転という不利益取扱いをしなかったと考えることができるから、組合活動を「理由として」不利益取扱いをしたといえるだろう。

■団体交渉は拒否できる？

　労組法7条2号は、使用者が、正当な理由なく団体交渉を拒否することも不当労働行為として禁止している。つまり、使用者は、労働組合から団体交渉を申し入れられた場合、これに応じる義務があるのだ。団体交渉を拒否できる「正当な理由」とは、その団体交渉が労働組合法のルールに沿ったものではないという理由のことである。たとえば、その労働組合の組合員ではない者（非組合員）の労働条件で、団体交渉を申し入れても、使用者は、これは使用者が団体交渉に応じなければならない義務を負わないという「正当な理由」を主張して、団体交渉を拒否することができる。ただし、例外もある。

　団体交渉については、47頁以下で詳しく述べる。

■「支配介入」されたらどうする

　労組法7条3号は、使用者が、労働組合の結成・運営を「支配」し、または、それに「介入」することを、「支配介入」として禁止している。たとえば、使用者が、組合員に対して組合脱退を働きかけること、組合活動を妨害すること、ある労働組合の勢力を弱めるために、別の労働組合や親睦団体を立ち上げさせることや支援することなどがこれに当たる。言い換えると、労働組合を弱体化させるような行為が禁止されているということである。たとえば、労働組合がストライキを行うことに対してブレーキをかけるために、社長が「会社は重大な決意をしている。お互いに節度のある行動を取ろう。」という声明文を出すことは、「支配介入」に当たる（＊1）。

　「支配介入」の1つとして、使用者が労働組合に対して経理上の援助を行うことは、「経費援助」として、原則として禁止されている。経費援助がなされると、労働組合の運営に使用者の影響力が加えられる可能性があり、健全な労

組合の活動が弱体化する危険があるからである。ただし、勤務時間中に団体交渉に参加した労働者に対して賃金を支払うこと、組合員のための共済金や災害見舞金のための基金に対して寄付をすること、労働組合に事務所を無償で貸与することは例外的に許容されている。このような使用者の行為が、組合の運営に影響力を及ぼす心配はあまりないからである。しかし、使用者が組合事務所を貸していたのに、いきなり貸与を中止することは、かえって組合の運営に悪影響を及ぼすので、支配介入に当たる可能性がある。

このほか、使用者の意に沿わない活動をする労働組合役員に対して、解雇・配転をすることは、労働組合に対する「支配介入」に当たると共に、労働者に対する「不利益取扱い」にも当たる可能性がある。

■どんな制度が救ってくれる？

不当労働行為に対して、労働組合と労働者は、都道府県労働委員会に対して、救済を求めて申立てをすることができる。ただし、団体交渉拒否に対しては、労働組合だけが申立てをできるという考え方と、労働者もできるという考え方がある。

都道府県労働委員会は、申立てを受けて、調査と審問という手続を行って、不当労働行為に当たる事実があると認定すれば、不当労働行為によって団結権が侵害された状況を是正し、正常な労使関係を回復するために、救済命令を出す。不利益取扱いに当たる解雇がなされた場合には、原職復帰命令と解雇中の賃金の支払い命令（バックペイ命令）が出される。団体交渉拒否については、労働組合が申し入れた事項について誠実に交渉するように命令がされる。支配介入については、支配介入行為の禁止命令、使用者が不当労働行為を行ったことを認め、同じ行為を繰り返さない旨を約束する文書を社内に掲示することの命令（ポスト・ノーティス命令）などが出される。

都道府県労働委員会の命令に対して、不服がある当事者は、中央労働委員会に対して再審査の申立てをすることができる。また、都道府県労働委員会の命令、もしくは、中央労働委員会の命令に対して不服のある当事者は、命令の取消しを求めて訴訟を提起することができる。

都道府県労働委員会の命令に対して再審査申し立ても取消訴訟も提起せず、

そして、中央労働委員会の命令に対して取消訴訟も提起しなければ、その命令は確定する。確定した命令に従わない使用者は50万円以下の過料という一種の罰金（ただし、これは刑罰ではない）を支払わなければならない。さらに、不履行の日が5日を超える場合には、1日につき10万円の過料を加算される。

　取消訴訟を経ても命令が取り消されなかったのに、命令に従わない使用者には1年以下の禁固もしくは100万円以下の罰金が科せられる（これは、刑罰である）。

　また、労働者や労働組合は、労働委員会ではなく、裁判所による救済を求めることもできる。たとえば、不利益取扱いに当たる解雇が無効であることを主張して、裁判所に、労働契約上の地位の確認と解雇後の賃金の支払いを求めて提訴することができる。ただ、労働委員会制度のほうが敷居が低く、費用も掛からないこともあって、まずは労働委員会に持ち込まれることが多いだろう。

　（参考裁判例）＊1…プリマハム事件・最判1982.9.10

（3）労使ガチンコの交渉——団体交渉

■団体交渉の意味

　個人と個人が売買契約をした場合などの普通の市民同士の関係においては、一方が相手方に対して交渉を申し入れても、その相手方は交渉に応ずる義務はない。ところが、使用者と労働組合の関係においては、そうではない。労働組合が使用者に対して団体交渉を申し入れた場合、使用者は交渉のテーブルにつく義務を負う。それだけではない。使用者は、テーブルについて、のらりくらりと要求をかわしていればいいというわけにはいかない。使用者は、誠実に交渉に応ずる義務までも負っているのである。憲法24条は団体交渉権を保障しており、また、労組法7条2号は、使用者が団体交渉を拒否することを禁止することによって、使用者に団体交渉に応ずることを義務付けている。

　これは労働組合にとっては、きわめて強力な武器になる。使用者は、労働者に対して圧倒的に強い力を有しているから、憲法と労組法は労働組合に団体交渉権を与えることによって、使用者と労働者の力の不均衡を是正しようとしているのである。

たとえば、労働者が不当に解雇され、この解雇は無効であるから、職場に戻すように要求して労働者個人で使用者に申し入れたとする。使用者はこの申し入れを受け入れる義務はない。ところが、この労働者が労働組合に加入して、労働組合が団体交渉を申し入れれば、使用者はこれに応ずる義務を負い、拒否することは許されないのである。使用者が団体交渉を拒否することは違法であり、労働組合は労働委員会に救済を求めたり、裁判所に損害賠償請求を求めたりすることができる。

　労働組合が要求できるのは、労働者が使用者に対して法的に請求できることに限られない。たとえば、労働者が自分たちの賃金が安すぎると考えて不満を持っていたとする。普通の場合、労働者が「賃金を上げてくれ」と要求したとしても、法的に「賃上げ」請求権があるわけではないから、使用者がこれに応じて賃金を上げる義務を負うわけではない。この場合、労働者が個人で賃上げを使用者に要求する交渉を申し入れたとしても、使用者は交渉に応ずる義務はない。「今の賃金が不満なら、辞めてもらっても結構だ」など言われてしまうかもしれない（もちろん、賃上げを求めたからといって、使用者はその労働者を解雇することはできないが）。ところが、この労働者が職場の仲間と一緒に労働組合を結成して、もしくは、すでに存在する労働組合に加入して、労働組合として使用者に対して団体交渉を申し入れた場合には、使用者は交渉に応じないことはできない。使用者は、団体交渉のテーブルに着く義務を負うのである。

　ただ、後述するが、使用者は団交には応じなければならないものの、組合の要求を受け入れないといけないわけではない。では、団体交渉で何度も要求をしても、使用者が受け入れない場合に、労働組合はどうすればいいのか？　この場合に、労働組合は争議行為、すなわちストライキなどの行為を行って、使用者に圧力をかけることができる。実際にストライキを行わなくても、使用者が、団体交渉が決裂した場合に、労働組合がストライキを起こすかもしれないと考えて、譲歩せざるを得なくなることもある。また、ストライキなどの争議行為を行わなくても、使用者の対応を批判するビラを配布したり、労働組合のホームページにビラを掲載したりして圧力をかけることもできる。

　労働組合と使用者が団体交渉して、いちおう話がまとまった（合意した）場合、労働組合と使用者は、「労働協約」という文書を作成する。次の項で述べるが、

これには非常に強い効力がある。

■誠実に交渉する義務

　団体交渉は、単にテーブルに着くだけの形式的なものであってはならない。使用者は誠実に交渉する義務（誠実交渉義務）を負うのである。誠実とはどういうことだろうか？　ずっとスマホをいじっている、みたいなのは論外だが、真面目な顔をして、丁寧な言葉を使って、姿勢を正して交渉に臨んでさえいればいいということではない。使用者は、労働組合との間で合意を達成する可能性を模索しなければならない。最初から、合意を達成する気など全くないという姿勢で交渉に臨んではならないのである。これは、使用者が、団体交渉において譲歩する義務を負うということではなく、また、同意する義務を負うということではない。労働組合の要求を受け入れられないなら、自己の主張を労働組合が理解し、納得することを目指して、誠意をもって対応しなければならないのである。労働組合の要求を拒否するなら、自分の主張の根拠を具体的に説明し、必要な資料を示して説明しなければならない。

　たとえば、労働組合が団体交渉において10％の賃上げを要求したとする。使用者がこれを拒否する場合、決算書などの資料を示して、「なぜ10％の賃上げができないのか」という理由を具体的に説明しなければならない。単に「経営が苦しい」とか「利益が上がらない」などと抽象的に述べるだけでは、誠実交渉義務を果たしたことにはならない。誠実交渉義務に違反した場合、使用者は団体交渉拒否という不当労働行為をしたことになる。

■団体交渉義務の範囲は？

　使用者が団体交渉義務を負うのは、①労働者の労働条件などの経済的地位に関する事項と②労使関係の運営に関する事項であって、使用者が使用者の立場で決定できるものについてである。たとえば、①賃金、労働時間、職場環境、人事異動、懲戒、解雇などの事項や、②団体交渉のルール、争議行為の手続、組合事務所の貸与、組合員の範囲をどのように定めるかなどの事項がこれに当たる。純粋に政治的なこと（政権交代や厚生年金引上げなど）のような、使用者が決定できないものはこれに含まれない。

使用者が、経営方針や役員人事などは経営上使用者が専権的に決定すべき事項であるとして、これに関する団体交渉を拒むことがある。しかし、これは問題がある。経営方針や役員人事であっても、それが労働者の待遇や労使関係の運営に関連する場合には、その関連する範囲で使用者は団体交渉義務を負うのであり、これについて使用者は団体交渉を拒否することはできないのである。

（4）労働条件を決める力強い存在——労働協約

■労働協約とは？

　労働協約とは、労働組合と使用者の合意を書面化したものである。この書面には、労働組合の代表と使用者の署名もしくは記名捺印をしなければならない（労組法14条）。

　労働協約は、「職場の憲法」ともいわれている。労働組合が団体交渉によって使用者から勝ち取った労働条件や労使のルールなどを労働協約にすることによって、職場における労働者の権利が守られるからである。使用者が団体交渉で労働組合との間で合意に達した事項について、労働協約を作成することを拒否することは、原則として、誠実交渉義務に反する不当労働行為になる。

■労働協約の強い力——規範的効力

　労働協約に定める労働者の待遇に関する基準（規範的部分）に違反する労働契約の部分は無効となる（強行的効力）。そして、この場合に、無効となった労働契約の部分は、労働協約が定めた基準によって決められる（直律的効力）。また、労働契約に定めがない部分についても、労働協約が定めた基準によって決められる。これらの効力をひっくるめて労働協約の規範的効力といい、労組法16条が規定している。労働協約は労働組合と使用者との間の合意であるのに、使用者と組合員の間の労働契約に直接効力を及ぼすところに、この規範的効力の意味がある。たとえば、労働契約で通勤手当を支給しないと定めていた場合に、労働協約で通勤手当を実費で支給すると定めれば、通勤手当不支給という労働契約の定めは無効となり、通勤手当実費支給という労働協約の基準によって支給がなされる。

なお、労働協約は就業規則よりも強い効力を有している。就業規則は労働協約に反してはならないとされている（労基法92条、労契法13条）。例えば、就業規則で、通勤手当として実費の半額を支給すると定めていた場合に、労働協約で通勤手当として実費全額を支給すると定めれば、「通勤手当実費全額支給」という労働協約の基準で支給がなされる。

　ただし、労働協約も、法律に反することはできない。たとえば、労働協約で有給休暇を取ることはできないと定めても、これは労基法39条に違反するから無効であり、組合員は有給休暇を取ることができる。

　労働協約よりも有利な労働契約がなされた場合に、その労働契約が労働協約の規範的効力によって無効とされるかどうかは場合による。労働条件の最低基準を決めて、それよりも良い条件の労働契約を許容する趣旨で労働協約が締結された場合には、より良い条件を定めた労働契約は有効である。組合員の労働条件を労働協約で一律に定める趣旨の労働協約が締結された場合は、より良い条件を定めた労働契約は無効になり、その労働者の労働条件は労働協約の基準になる。

■協約は労働条件を不利益に変更できる？

　労働組合は組合員の労働条件の向上を目指して活動するものであるから、労働協約も組合員の労働条件を有利に変更するものであることが原則である。ところが、会社の経営状況が苦しい時に賃金や労働時間について労働組合が譲歩をすることがある。また、定年を引き上げる代わりに、定年に近い組合員の賃金の引下げを認めるとか、賃金水準を引き上げる代わりに賞与の引下げを認めるなどの使用者との取引をすることがある。その結果、労働協約によって労働条件が組合員にとって不利益な方向に変更されることがあるが、労働組合にはこのような労働協約であっても、原則として締結する権限があると考えられている。労働組合は、さまざまな条件を考慮しながら、中長期的な動向も視野に入れて、労使間でギブ・アンド・テイクの取引をすることによって交渉力を発揮して、労働者の権利を守ろうとするものであるから、このような権限を認める必要があるのだ。

　もっとも、労働組合の労働協約締結権限には限界がある。すでに発生した組

合員個人の権利（たとえば、退職金請求権）を処分したり、組合員を退職させる取り決めをすることなどはできない。ただし、各組合員から特別に委任を受ければ、このような労働協約を締結することも可能である。

なお、労働協約を締結するには、組合規約に従って民主的な手続を踏む必要がある。通常、組合規約には、組合大会や執行委員会によって、執行委員長に労働協約締結権限を付与するというようなルールが定められている。

■拡張適用って？

労働協約の規範的効力は、労働協約を締結している労働組合の組合員にのみ及ぶのが原則である。別の労働組合の組合員や、どの労働組合にも加入していない非組合員には効力が及ばない。

ところが、この原則には例外がある。労働協約が事業場の労働者の大部分に適用される場合に、労組法17条は組合員以外の労働者に労働協約の規範的効力が拡大して適用されるものとした。具体的には、工場や事業場に常時使用される同種の労働者の4分の3以上の労働者が同一の労働協約の適用を受ける場合には、その工場や事業場に使用される他の同種の労働者にもその労働協約が適用されるとしているのである。これを労働協約の拡張適用という。

なぜ、「組合に入ってもいないのに、組合が結んだ労働協約の効力が及ぶ」なんて例外が置かれているのだろう？　これについては、主に2つの理由があると考えられている。1つは、労働協約が適用されない少数派の労働者が、使用者に対して、「自分たちは、劣悪な労働条件で働くから、自分たちの雇用を優先的に守ってくれ」などと働きかけるようなことがあると、労働協約を締結している多数派の労働組合の団結が害されるので、このような事態を避けるためにという理由である。もう1つは、労働協約によってその事業場における公正な労働条件を実現して、その労働組合に加入していない少数派の労働者の保護も図るという理由である。

■協約の債務的効力

労働協約には、労働契約に影響を与える規範的効力のほかに、通常の契約と同様に、労働組合と使用者が債権と債務を負うという効力（債務的効力）がある。

労働協約の中の労働条件などに関するところ以外の部分、すなわち、団体交渉のルール、争議行為の手続、組合事務所の貸与、組合員の範囲などの労使関係の運営に関する事項は、規範的効力は認められず、債務的効力のみが認められる。

　たとえば、労働組合がストライキをする場合には、24時間前までに使用者に通告をするというルールを労働協約で定めたとすると、労働組合はこのルールに従ってストライキの通告をする義務を負う。労働組合がこのルールに反して通告をしないでストライキを行った場合、使用者はこれを債務不履行として損害賠償請求ができることになる。

■労働協約の期間と解約

　労働協約には有効期間の定めをする場合としない場合がある。有効期間の定めをする場合には、その期間は３年を超えてはならない（労組法15条１項）。有効期間の定めをしない場合は、署名または記名捺印した文書により、少なくとも90日前に使用者か労働組合、どちらかから予告すれば、いつでも解約することができる。

（5）最後の切り札？――争議行為

■争議なんて、なんで必要なの？

　団体交渉で話し合いに決着がつかない場合、労働者側は争議行為を行うことができる。争議行為の中心は、団体交渉での要求の貫徹を目的として、労働者が団結して労働力の提供を拒否するストライキである。「争議」ときくと、何かものものしい印象を持たれるかもしれない。実際に、争議行為とは、労働者が使用者側と正面から「もめる」ことであり、会社に大きな損害を与えることもある。

　では、なぜそこまでして争議を行う必要があるのだろうか。それは、労働者側と使用者側の利害が対立しており、話し合いだけで簡単には解決しない場合も少なくなく、そのような場合には、放っておけば力関係の上で有利な使用者側の思うままになってしまうからだ。そのため、労働者側が対等な立場で交渉をすることができるように定められた権利が、争議権（団体行動権）なのである。

　とはいえ、争議行為やストライキと聞いてもなじみのない人がほとんどだろ

う。争議行為は世界の先進国で認められた労働者の権利だが、日本では争議件数がきわめて少ない状態が続いている。70年代までは、賃金の引上げや解雇の反対を求めて大規模なストライキが頻繁に行われた。交通ストが実施されれば、学生も「通学できない」などということも珍しくはなかった。ところが、80年代以後、日本では労使協調路線が定着し、ほとんどストライキは起こらなくなった。使用者側は労働者に終身雇用と年功賃金を保障し、労働者は比較的安心して働けるようになったことが大きな要因だ。

　ところが、近年では「使い捨て雇用」と呼ばれる非正規雇用が大幅に増加し、雇用全体の4割程度に達している。また、労働者を「使いつぶす」いわゆる「ブラック企業」や、過労死・自殺・鬱の問題も蔓延している。労働者側が使用者側を信用する労使協調が社会全体に定着した日本では、その信頼を逆手にとって裏切る企業が現れてきたのである。「過労死しそうなほど働かされているのに団体交渉しても改善してくれない」。今日でも、こんなときは争議権を行使して会社に改善を要求するしかないのである。

■正当な争議行為なら、法律上の責任は問われない！

　争議行為は使用者の「業務の正常な運営を阻害する」行為であり、使用者側には具体的な損害も発生する。時に、それは何億円という巨額に達することもある。労働法は、労働者が争議行為を行うことができるように、これによって労働組合側に本来生じるはずの法的な責任が発生しないように免責している。

　憲法28条は労働者に団体行動権を認めており、ストライキをはじめとした労働組合の正当な争議行為については、刑事免責（労組法1条2項）、民事免責（労組法8条）が適用される。会社前での抗議活動など、会社の業務を妨害するような行為は、本来なら犯罪（威力業務妨害罪など）になってしまうが、正当な争議行為であれば、犯罪とはならない。また、不法行為として損害賠償責任を負うこともない。さらに、争議行為を行ったことを理由に会社は解雇、配転、懲戒などの不利益な取り扱いをすることはできない。このように、「合法的」に使用者に圧力をかける手段が争議行為なのである。

　とはいえ、争議行為は無制限に認められるわけではない。民事・刑事免責が認められるためには、争議が適法なものである必要がある。争議の正当性は、

目的と態様から判断される。つまり、法的に正しい目的で行われ、法的に正しいやり方で実行されれば適法になるということだ。目的としては、団体交渉によって労働条件を改善しようとするものであれば認められている。一方で、裁判例は、「首相の退陣を求める」というような、使用者とは直接関係を持たない政治的な要求を掲げる場合には正当性を認めていない（＊1）。

　争議のやり方については、労働力の提供を拒否するストライキや、意図的に作業能率を下げて働くスローダウン、非組合員の就労や入構を阻止する行為の正当性が認められている。ただし、裁判例では、労働者が平和的な説得を超える行為に出た場合は、争議行為の正当性を認めない傾向にある。たとえば、ストライキの効果を高めるために、組合員以外の労働者が職場に入ることを防ごうとして、スクラムを組むなどの実力行使でこれを行う場合には、正当性がないと判断されている（＊2）。

■いま、ストライキは増えている？

　意外かもしれないが、最近日本でもストライキが活発に行われるようになりつつある。冒頭でも書いたように、非正規雇用が増え、「ブラック企業」や過労死が社会問題化していることも原因のひとつといえるだろう。たとえば、2018年5月には、東京駅の自動販売機に飲み物を補充する業務に従事している労働者たちが、ストライキを実行した。彼らは毎月100時間以上の残業が命じられていたにもかかわらず、会社から残業代を支払われていなかった。ストライキの結果、自販機の需要が高まるゴールデンウイーク中に商品が補充されず、「売り切れ」が続出した。もちろん、会社としては大きな損害を被った。結局、会社側は譲歩し、労働時間は大幅に減少した。ちなみに、ストライキをした労働者たちは現在（2020年現在）も同じ会社で働いている。

（**参考裁判例**）＊1…全司法仙台安保事件・最判1969.4.2
　　　　　　　　＊2…朝日新聞小倉支店事件・最判1952.10.22

サイドストーリー5　「団結」の壁の前でたちすくむのは…公務員？？？

　「万国の労働者よ、団結せよ！」言わずと知れた、マルクスとエンゲルスの『共産党宣言』（1848年）だ。

　若い世代からは「うわ、アツいなー。」という印象かもしれないが、労働法がなかった時代、労働者たちは使用者（資本家）に徹底的にこき使われ、体を壊して働けなくなればあっさり捨てられた。そんな中で一人ひとりでは弱い労働者が「皆で束になって自分たちを守るしかない」として「団結」したのが労働組合の始まり。最初はストライキどころか、団結や団体交渉も犯罪として弾圧されたが、それでも長い年月を経て、少しずつ法的に認められていく。憲法28条は、労働基本権（＝労働三権）として、団結権・団体交渉権・団体行動権（争議権）を認めているが、ここに至るまでには、数多くの労働者の血と汗と涙の歴史があるのだ。

　それほど重要な労働基本権を、実は法律で制限されている人たちがいる。え、誰？　答えは「公務員」。なんか梯子を外された気がするだろう。一般の労働者でも公務員でも、雇われている以上、団結は大切なはず。なぜ、公務員だけが制限されるのだろう？　最高裁も、公務員の勤務条件は法律や予算で決まるものだから団体交渉にはなじまないとか、ストライキを認めると、つぶれる心配がないからずっとストをやり続けるんじゃないかとか、公務員には人事院勧告があるからなどとして、公務員の労働基本権制限は合法だとしている。

　ところで公務員といっても、一律に労働基本権が制限されているわけではなく、警察職員や自衛官、消防職員（地方）などを除けば、一応は団結権や団体交渉権はある。ただ、争議権は全面的に禁止されている。「公務員の仕事は公共性が高いんだから、ストライキされたら公共サービスがストップして国民生活に多大な迷惑がかかる」という意見も強い。たしかに、強盗が金を奪って逃げている最中に、警察官がストライキだからといって仕事をしないというのはまずいだろうが、それでも団結（＝労働組合を作る）くらいは別にいいだろうし、その他の公務員まで争議権を一切禁止することはないだろう。ちなみにILO条約では、消防職員にも団結権を保障するべきとしており、日本もILOから何度も勧告されているが、今のところ、日本政府は見直しの検討の気配すら見せていない。

　最近の若い学生には公務員志望が多い。「安定してるし、つぶれる心配ないし」というのもわかるが、公務員になるということは、いわば「労働者の自然権」ともいうべき労働基本権が制限された身分になることでもあるのだ。

あんかちゃん　　　　　　　　　　　　　　　　　5分前

労働組合って、あると違うんですね。夫の会社にはないから、余計つらいのかもです。

かっけ　　　　　　　　　　　　　　　　　　　4分前

うるさい集団ってイメージあったわ、メンゴw
でもなあ、やっぱりストライキとかじゃなく、会社と仲良くやるのが一番だよなあ

ゆうきゃん　　　　　　　　　　　　　　　　　3分前

まあたしかに、円満にやっていこうという方針の組合もある。ただ、それが行きすぎて、会社の言いなりになってるような組合もあるからね

サイカク　　　　　　　　　　　　　　　　　　2分前

ハハンッ、やるやらないはともかく、ストライキできる権利があることが重要なのさ

かっけ　　　　　　　　　　　　　　　　　　　1分前

うーん、給料アップとかはいいんだけど、でも、原発反対みたいな、政治的なことまで組合が言ってるのはちょっとな

ナナリー　　　　　　　　　　　　　　　　　　0分前

でも、給付型の奨学金拡充しろって言ってる組合もあった

かっけ　　　　　　　　　　　　　0分前

え、それはもっとがんがん言ってほしいな！

さらに考えてみようー私たちの周りの『リアル』ー

うちの会社では、入社したら必ず労働組合に入らなければならない。しかも組合費も、毎月の給料から結構引かれるわりには、何をやってるのかあんまりわからない。
組合って何するところ？

4章

お金はやっぱ大事！

#チャットルーム バイト先のコンビニで、売れ残ったクリスマスケーキを大量に買わされたと怒るさくらもち。そこから給料の話題に。

さくらもち 33分前
もうバイト先変えよっかな。隣町のコンビニなら時給30円上がるし

かっけ 33分前
え、そうなんすか

さくらもち 32分前
あたし岩手の端で、隣町は宮城なの。ほら、最低賃金違うから

ナナリー 31分前
え、コンビニの時給って最低賃金なんですかあ？

さくらもち 31分前
そこは都会とは違うからスルーしてｗｗ

かっけ 30分前
そういや先輩のバイト先、研修中は時給800円だって。最賃より安くてやばくない？

さくらもち 29分前
うちもそう。店長が、研修中は最賃割っててもいいんだってなんか怪しいけど

ナナリー 27分前
でも私の先輩、コロナのせいでバイト先が休みになっちゃって、給料出なくて辛いって

給料（賃金）は、働くうえで重要な関心事。
しかしこのようにトラブルも多そう？
ここでは、賃金について学んでいこう。▼

（1）賃金って、要は給料？——賃金の定義

■賃金って給料のこと？——労基法上の賃金の定義

　賃金とは何だろう。労基法では賃金を「名称の如何を問わず、労働の対償として使用者が労働者に支払うすべてのもの」としている（労基法11条）。今は「給料」ということの方が一般的ではあるが、どっちにしても、私たちが暮らしていくために必要不可欠なものだし、やっぱりちゃんと法律でカバーされていないと困るだろう。

　さて、賃金といえるためには、「労働の対償」つまり働いたことの対価であることが必要だ。そりゃそうだよね、という感じがしそうだが、ややこしいことに、「働いたことの対価」なのかが微妙なものも現実には多い。たとえば家族持ちに払われる家族手当や、借家の人に払われる住宅手当などだ。ただまあ「雇われているからこそもらえる」と思えば、広い意味では労働の対償だから、こういった手当も基本的には賃金に当たると考えていいだろう。

　これに対して、任意的・恩恵的な給付（社員の結婚祝い金や香典など）は、基本的には賃金ではない。しかしそれが就業規則などでちゃんと制度化されている場合には賃金に当たる（そのため、（4）で登場する賞与（ボーナス）・退職金なども、通常は賃金といえる）。ちなみに通勤経費は、本来は労働者が負担するのが原則（民法485条）なので、ルールがないともらえないものだが、これも就業規則などで制度化されていれば賃金となる（ただし、正社員にしか通勤手当がない場合は、パート・有期法で問題になる可能性がある（9章参照））。

■安すぎると暮らしていけない！——最低賃金のルール

　使用者としては、同じ事なら少しでも安く働かせたい、と思うかもしれないが、あまりにも賃金が安い仕事だと労働者は暮らせない。といって、景気が悪くて仕事がなければ、なかなか仕事の選り好みなんてできない。そこで、国が賃金の最低額を決め、それ以下で働かせる（働く）ことを禁止しているのが最低賃金（以下、最賃）制度だ。最賃には、都道府県ごとの地域別最賃と、一定産業に適用される特定最賃があるが、ここでは地域別最賃を見ていこう。

地域別最賃は、それぞれの都道府県の労働者の生計費（これは、生活保護水準とのバランスに配慮するとされている）や賃金と、通常の事業の賃金支払能力（その地域の企業業績や景気など）などから決められる（最賃法９条２・３項）。具体的な流れは下の図を見てほしいが、「最賃審議会」という行政組織の調査・審議に基づいて、厚生労働大臣または都道府県労働局長が決定するとされている（実際には、中央最賃審議会が地方最賃審議会に「目安」を提示して、それを参考にしながら、各都道府県の地方最賃審議会が労働局長に引上げ額を示して、最終的に労働局長が決定する、という流れになっている）。

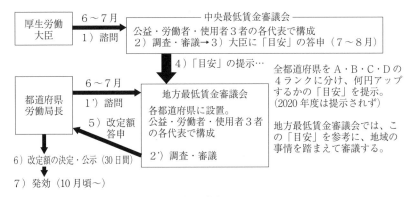

最低賃金決定の流れ

　使用者には最賃以上の賃金を払う義務があり、払わない場合は刑罰が待っている（50万円以下の罰金）。しかも、最賃に達しない賃金で労働契約を結んでも、そこはなかったことになり、最賃の額で契約した（＝最賃の額は払わないといけない）ことになる。なお、「研修中は最賃未満でもいい」という話を時々耳にする。たしかに試用期間中は最大20％までの減額が可能だ（最賃則５条）。ただし、そのためには労働局長に減額申請をして認められなければならないので、もし最賃以下になっている場合はちゃんと確認したほうがよさそうだ。

　2020年度の地域別最賃（時給ベース）は全国平均で902円だが、高いところ（東京＝1013円、神奈川＝1012円など）と低いところ（沖縄など７県＝792円、岩手など８県＝793円）の差は200円以上。都道府県単位なので新宿区と八丈島が同じだったり、大阪（964円）と奈良（838円）のように県をまたぐと100円以上変わるな

どなかなかシュールだが、同じコンビニでバイトしても、東京と地方だとかなり時給が違うのは明らかに最賃額の影響だ。まあ「地方は物価が安いから」などともいわれるが、実際住んでみると日用品費はほとんど東京と変わらないし、むしろ自動車代や灯油代などもかかる（体験談）からちょっと疑問だ。とはいえ、そもそも東京の水準でも、2000時間働いてようやく年収200万円なので、十分とはいいがたいのだが。

■こんなときって賃金はもらえるの？

賃金は、働かなければもらえない（ノーワーク・ノーペイの原則）。ただし給料日前でも、病気や災害（天災事変含む）などで急にお金が必要になったときは、「すでに働いた分」の賃金は請求できる（労基法25条）。

また、「今日はお客がいないから帰って」みたいに、使用者のせいで仕事ができなかった場合は、労働者はその分の賃金を100％請求できる（民法536条）。そして「使用者のせい」とまではいかないけど、使用者が避けられたはずの外部事情（仕入れが滞って工場が回らなかったなど）で仕事できなかった場合は、労働者は60％を請求できる（休業手当＝労基法26条）。基本的には、使用者の落ち度が大きければ100％、そこまでとはいえなくても何らか使用者側の事情があれば60％は請求できる。ただし使用者のせいとはいえない「不可抗力」の場合（たとえば天災事変やインフルエンザなど）には賃金はもらえない。

もっともこの判断は実はかなり微妙。たとえばコロナ感染症拡大の、行政の自粛要請の場合などの扱いは専門家の間でも意見が分かれている。いちおう厚生労働省は、その場合でも在宅勤務などの可能性を使用者が検討したうえで、その可能性があるのに労働させなかった場合は不可抗力とはいえない（少なくとも60％はもらえる？）と考えているようだ。

■勤め先がつぶれちゃったら？──未払賃金立替払制度

「バイト先、客少なくてめっちゃ楽！」とか思っていたら、客が来なさすぎて倒産…ということもあるかもしれない。特に、賃金をもらう前に夜逃げなんかされた日には悲劇だ。そんな人のために、賃確法という法律で、倒産後２年以内なら、賃金未払い額の８割（給料（ボーナス除く）の６カ月分）を国が代わ

りに立て替えてくれる、という制度がある（ただし上限額があるほか、未払額2万円未満は対象外）。労基署が受付なので、心当たりのある人は2年たってしまう前にすぐ近くの労基署にGO！

（2）賃金の「払い方」に関するルール——賃金支払い方法の原則

■ちゃんと払ってもらわないと

　賃金というと、（1）で見てきた最低賃金のルールがいちばんよく知られているかもしれないが、労基法には、賃金がちゃんと労働者の手元に届くようにという、「払い方」に関するルールがかなり細かく置かれている（24条）。労基法ができる前（戦前）には「ちゃんと払われない」ことが実に多かったために置かれたルールだ。「払い方」に関するルールとしては、①通貨払いの原則、②直接払いの原則、③全額払いの原則、④毎月一定期日払いの原則、の4つがあるので、ここから見ていこう。

■通貨以外はゲンキンです!?——通貨払いの原則

　賃金は、原則として日本の「通貨」で払われなければいけない。

　戦前は「その仕事現場の売店でしか使えない金券」などで払われたり（某マンガの地下労働施設みたい？）、支払いが苦しいからと工場製品で払われたりすることも結構あったが、これは労働者にとっては非常に困る。なのでいつでもどこでも使えるように！　ということで労基法では通貨払いが原則とされた。

　ただし例外が2つある。1つは労働者の同意を得たうえで、銀行口座などに振込む場合。「え、銀行振込みって、それが普通でしょ？」と思うだろうが、法律上はこっちが例外。労働者が同意しない限りは「手渡し」が原則なのだ。もう1つは、労働協約（労使協定、ではないので注意！）に規定した場合。この場合には、現物で払うことが可能になる。労働協約は会社と労働組合が結ぶものだし、基本的にはその組合の組合員しか適用されないんだからそれならまあいいだろう、ということだ。

■ちゃんと本人に払って！──直接払いの原則

　賃金は、必ず本人に払わなければならない。これまた戦前には「給料日になると、飲んだくれの父ちゃんが現れて全部持っていく」みたいな話が結構あったので、それへの反省から置かれたルールだ。みなさんのバイト代の振込口座も、必ず本人名義になっているはず。それはこのルールがあるからなのだ（行政解釈では、妻が病気の夫の代わりに取りに行く、くらいはいいとされているが）。

■いろいろ引かれちゃうのもダメ！──全額払いの原則

　賃金は、全額を払わなければならない。これまた戦前には「お前ら、どうせバクチで使っちまうから、給料の半分は預かっといてやる」みたいな使用者（後で返してくれればまだいいが、ウヤムヤになることが多かった）や、よくわからない名目のお金やら罰金やらを賃金から勝手に引く使用者が結構いた。これも生活に困るので、「全額を払え」というルールが労基法に置かれたのだ。

　ただ、こちらも例外が２つある。１つは、別の法律で天引きが可能となっている場合で、具体的には、税金や社会保険料がそれにあたる。もう１つは、労使協定（こっちは労働協約、ではないので注意！）が結ばれていて、その中で天引きが決められている場合だ（社宅費や組合費などの天引きに使われていることが多い）。

　問題となるのは「相殺」の場面。たとえば、使用者が労働者にお金を貸していたり、労働者がヘマをして会社に弁償しなければいけないようなときに、給料と相殺する（チャラにする）、というようなことは可能だろうか。

　まず、少なくとも使用者のほうからは相殺できない、というのが判例（＊１）・通説の考えだ。給料から一方的に引かれれば労働者は生活に困るし、「会社に弁償する」といっても、具体的な金額面などで労働者が納得していない場合などもあるからだ。ただまあ、事務的なミスでうっかり多めに給料払ってしまった、ぐらいの話なら、労働者に予告されてて、しかも額が小さければ、次の給料から差し引いても問題ない（＊２）。これは調整的相殺といわれる。

　では、労働者のほうが「相殺でいいです」といっていたり（合意相殺）、「じゃあ給料は辞退します」といっていたり（賃金債権の放棄）する場合はどうだろうか。判例は、労働者が本当に「自由な意思」で同意をした（＊３）、あるいは「自

由な意思」で辞退した（＊4）という場合は違法にはならない、という立場だ。労働者が「自由な意思」で言ってるなら別にいいんじゃないの、という考えもあるだろうが、現実には労働者のほうが立場が弱いことが多いので、本当に「自由な意思」で、ということ自体がそもそもあんまりないはずだ。

■ほかにもあるぞ——毎月1回以上払いの原則、定期日払いの原則

　賃金は毎月1回以上、決まった日に払われないといけない（賞与や臨時の賃金などは別）。たとえば「給料が払われるのは6カ月ごと」とかだと、間が空きすぎてその間に生活費に困ってしまうかもしれないし、「今月は月初払い、来月は月末払い」のような感じでもやっぱり生活設計に困るからだ。年俸制の場合であっても、毎月1回は必ず払わないといけないことになる。

　　（参考裁判例）　＊1…日本勧業経済会事件・最判1961.5.31
　　　　　　　　　　＊2…福島県教組事件・最判1966.12.18
　　　　　　　　　　＊3…日新製鋼事件・最判1990.11.26
　　　　　　　　　　＊4…シンガー・ソーイング・メシーン事件・最判1973.1.19

（3）やればやっただけ給料増えるって本当？——成果主義と人事考課

■がんばった分だけ給料アップ？——成果主義

　「長く働いていれば皆同じように給料が上がる」仕組みと、「頑張った人はどんどん給料が上がるけど、頑張らなければ上がらない」仕組み、どっちがいいだろう？　前者は、年功序列賃金、後者は成果主義型賃金、といわれる。

　高度経済成長期の正社員には主に前者のような制度、より正確にいうと「職能資格制度」と結び付けた賃金体系が多く用いられていた。これは、労働者を、「職業能力」に応じて格付けして、その格付け（主事○級、参事△級などのように）に応じて賃金を決める、というやり方だが、この格付けは、「職業能力」に応じて、といいつつ、実際には学歴や年齢、勤続年数など属人的な要素を考慮して決めることが多かった。しかしこれだと「別に無理して頑張らなくてもいいんじゃない？」とやる気をなくす人も出てくるかもしれないし、労働者の勤続年数が長くなれば人件費もかさむ。そこで注目されてきたのが「成果主義」だ。

こちらは、労働者の年齢・勤続年数ではなく、労働者の能力・成果・仕事の価値を基準にした賃金処遇制度で、1990年代のバブル崩壊のあたりから急速に広がった。

たしかに「頑張ったら上がる」というのは一見魅力的だ。でも現実には問題も多い。何をもって「頑張った」「頑張ってない」といえるのかは難しい（→人事考課）。また、みんなが頑張ったら結局は給料が上がらないこともあるし、目に見える成果に結び付く仕事しかしないヤツ、他人の足を引っ張るヤツとかもいたりする。評価が低くて不満を持ったりやる気をなくす人も出てくる。というわけで実際には、何らかの形で年功序列賃金の仕組みを残しつつ、賞与や賃金の一部に、部分的に成果主義を採用しているところが多い。

■年俸制って、プロ野球選手みたい？

成果主義賃金と親和性の高い仕組みとして、「年俸制」をとることがある。ここでは、労働者ごとに割り当てられた「仕事＝職務」について年間目標を設定し、前年度の実績や成果の評価をもとに年俸が決められる。労働者の目標達成度とリンクしているので、まさに成果主義賃金制度と親和性が高い。年俸制では、成果が上がれば賃金も上がることになるが、逆の場合には賃金は下がってしまうという点で、労働者からすると心配な面もある。そのため、年俸制の新たな導入は、労働条件の不利益変更として、原則的には労働者の同意が必要だ（労契法8・9条）。就業規則による年俸制の導入については、就業規則の不利益変更とその内容の合理性の問題も出てくる（労契法10条）。

年俸制での賃金決定は毎年行うことになるが、前年度の業績評価や、それに基づく年俸額について、労働者の合意が得られない場合もある。そういった場合は、当然に、使用者が一方的に年俸額を決定できるわけではない。年俸額の話がまとまっていないのに一方的に賃金を減額されたとして、昨年ベースの賃金との差額を請求した裁判例（＊1）では、年俸額決定の制度が就業規則などに定められていて、その内容が公正なら使用者は年俸額を決定できるけど、そうでない場合には、使用者が一方的に決めることはできない（＝従前の年俸額となる）、とされているんだ。なお、年俸制であっても、時間外労働の割増賃金は払わないといけないし、毎月1回以上は払わないといけない（労基法24条）。

どっちにしても年俸制では、額の決定のための評価の基準や手続、不満がある場合の手続などがきちんと就業規則などに明示されていること、そしてその内容も公正なものである、ということが必要だといえるだろう。

■人の評価は、案外難しい──人事考課

　人事考課（査定）とは、使用者が賃金・昇進・昇格・降格など、労働者の能力・業績・職務の達成度などに対して行う評価行為やそのための評価制度のことだ。人事考課制度が就業規則などによって制度化されている場合には、使用者は、労働契約上、人事考課をする権利があるといえるだろう。

　労働者をどういう観点からどうやって評価するのかは会社ごとにまちまちだろうし、またそれが正しいのかどうなのかというのはなかなか難しい。なので裁判所も、使用者の人事考課については、使用者の裁量判断を尊重する傾向が強く、「違法」という判断をすることはあんまり多くない。

　でも、労働者にとっては賃金や出世とも絡む重要問題だから、「使用者の裁量」で片付けられても困るだろう。まず、法令に反する人事考課は許されない。たとえば、国籍や性別で差別したり（労基法3条・4条）、組合活動を理由に（労組法7条）低く査定することは当然ダメだ。またそうでなくても、査定が、就業規則などに定められた手続に明らかに反している場合などは、やっぱり許されないから、損害賠償の対象となりうる（＊2。ただ、「課長にしろ」とまで請求することは、なかなか難しそうだ）。なお学説の中には、使用者は労働契約上、ちゃんと評価する義務（公正評価義務）があるんだ、というものもある。どっちにせよ、労使の話し合いによる目標設定とその結果の評価を前提に労働者の合意や納得に基づき賃金決定が行われる必要があるだろう。

　　（参考裁判例）＊1…日本システム開発研究所事件・東京高判2008.4.9
　　　　　　　　　＊2…マナック事件・広島高判2001.5.23

（4）賞与や退職金も賃金？──賞与・退職金

■やっぱりほしい！？　賞与（ボーナス）、退職金

　最近の大学生は、実に真面目である。正社員（正規労働者）になるために、

早めに必要な単位を取り、就活の準備を始める。熾烈な就活に懸命に取り組み、最終ゴールの内定ゲットを目指している。なぜ、そこまで正社員になろうとするのだろう。その理由の1つには、正社員には賞与（ボーナス）や退職金がある、ということもあるかもしれない。

　賞与や退職金は、法律上は使用者に実施義務があるわけではないので、制度が置かれていない企業もある。ただ、賞与や退職金の支給時期・額・計算方法が、就業規則などの中で定められ、この定めに従って支給される場合は、労基法11条の「賃金」に当たる（その場合は、労働者の法的請求権は確実に存在する）。逆に、賞与や退職金の額や算定方法が、もっぱら、使用者の裁量に委ねられている場合には、任意的・恩恵的給付であって、労基法11条の賃金ではない、と考えられている。

　賞与や退職金は、ある程度長い算定期間によって計算されたりするので、法的には「賃金」だといっても、毎月受け取る、給料（月例賃金）とはかなりイメージが違う。昨今のコロナ禍では、賞与が減額されたり不支給となってしまった労働者もいるだろうし、ポストコロナの時代には、賞与や退職金という制度そのものがなくなるのではないかと不安な労働者も少なくないだろう。そんな賞与と退職金について見ておこう。

■賞与（ボーナス）にかかわる法的問題

　賞与とは、定期的または臨時に、毎月支払われる定例賃金とは別に支給されるもので、夏と冬に支給されることが多い（行政解釈では「原則として勤務成績に応じて支給される」となっている）。

　賞与については、就業規則などの中で、「支給対象者を賞与支給日に在籍している者に限定する」といった条項が置かれていることが一般的だ（この条項を、支給日在籍条項という）。たとえば、10月から翌年の3月までの勤務成績で算定し、夏の6月の支給日に賞与を支給する取扱いをしている会社で、ある労働者が5月末でこの会社を辞めてしまったら、賞与は支給されないのだろうか。「算定期間には働いてたんだから、もらえて当然」なのか、それとも「今後の働きに期待して払ってやるものなんだから、支給日にいないヤツに払うわけないだろ」となるのか、どっちだろう？　この点、判例・通説は、労働者は退職する日を

自由に選べるのだから、支給日在籍条項の基準が合理的かつ明確である限り違法ではない（＊1）としているので、賞与は残念ながら支給されないことになりそうだ。でも、少なくとも定年退職者や整理解雇のように、退職日を選択できない労働者については支給すべきであるという考えも強い。

■退職金にかかわる法的問題

退職金とは、退職や解雇に伴って労働者に払われる一時金のことであり、自己都合退職（自分の都合で辞めた場合）と会社都合退職（会社の都合で辞めた場合）では、会社都合退職の方が退職金の額が高く設定されることが通例である。

退職金に関しては、労働者が競業関係にある同業他社に転職した場合や、懲戒解雇時などに、退職金を減額したり、支給しないと定めたりすることがあるが、これが許されるのかという問題がある。これは、退職金のどのような性質を重視するかで結論は異なってくるだろう。一般的に退職金には、会社が本来支払うべき賃金を退職時に支払うという、賃金後払的性質と、労働者の長年の功労に報いるという功労報償的性質とが混在していると考えられているが、前者の性質を重視すれば、退職金の減額・不支給は、労基法24条の賃金全額払いの原則にひっかかりそうだし、後者の性質を重視すれば、退職金の支給額も退職時の会社の評価で決められることになりそうだ。

裁判例は、同業他社への転職（＊2）に際しての退職金減額や懲戒解雇時（＊3）の減額や不支給も違法ではないとしつつ、賃金後払的な性質も踏まえ、労働者の長年の労働の価値をパーにしてしまうほどの裏切り（背信）行為でなければ、全額を不支給とすることは認めない傾向が強い。

■賞与（ボーナス）や退職金を非正規労働者に支給しないのは当たり前？

これまでの日本社会では、正社員には、賞与・退職金があるけど、非正規労働者にはなくて当然、とされてきた。でも、全くもらえないのは、ちょっとかわいそうすぎない？

判例ではこの点、不支給も不合理とはいえない、とされている（＊4）。でも、現在はパート・有期法8条が施行されている（＊4は施行される前の事件であることに注意が必要だ）。この条文では、パート労働者および有期労働者の基本給

や賞与その他の待遇について、その職場の正規労働者と比較して、「職務の内容」「当該職務の内容及び範囲」「その他の事情」を考慮して、不合理と認められるものであってはならない、とされており、「賞与」も条文の中ではっきりと書かれているので、特に賞与は、金額はともかく「ゼロ」というのは、今後は許されなくなる可能性も十分ある（詳しくは116頁以下参照）。

（参考裁判例） ＊1…大和銀行事件・最判1982.10.7
　　　　　　　＊2…三晃社事件・最判1977.8.9
　　　　　　　＊3…小田急電鉄事件・東京高判2003.12.11
　　　　　　　＊4…賞与につき大阪医科薬科大学事件・最判2020.10.13、退職金につきメトロコマース事件・最判2020.10.13

サイドストーリー6　沖縄から見えてくる「基地」「雇用」「貧困」

　辺境からは中央やその周辺がよく見えるといわれることがある。沖縄から東京等の三大都市圏や福岡などの地方都市圏を見ると何が見えるだろうか。コバルトブルーに輝く海と空、緑に映える赤い花……。沖縄には、明るいイメージとは裏腹に、「軍事基地」という暗い側面もある。

　日本本土の0.6％の沖縄の土地に、米軍基地の約71％が集中する。米軍基地の集中にも起因して、沖縄の産業構造は、観光業・サービス業・情報通信産業などの第三次産業に特化する。2017年の総務省の調査によれば、全国の非正規労働者は2036万人でその割合は37.3％であるのに対して、沖縄県内の非正規労働者数は25万3800人でその割合は43.1％である。2020年の沖縄の最低賃金は792円と全国最下位である。ワーキングプア率は18.3％でこれも全国平均の9.7％よりも高い。正社員世帯の半数が困窮世帯で県民所得は全国平均と比べて7割で全国最下位（約217万円、15年度）である。「子どもの貧困問題」も深刻であり、『平成27年版子ども・若者白書』によれば、沖縄の子どもの貧困率は29.9％。この数値は、全国平均が16.3％であるのに比べて突出している。

　表面的には、基地問題は米軍基地がある地域特有の問題と考えられがちだ。しかし、日米地位協定に基づけば、米軍は基地内を自由に利用できる。また、基地の外についても、米空軍は北は北海道から南は沖縄まで「訓練」と「移動」の概念を使い分けて自由に移動でき、米海軍・海兵隊も「寄港」と「移動」の概念を使い分けて自由に移動でき、これまた米陸軍も自由に移動できる。日本政府は米軍駐留のために「思いやり予算」を含む膨大な「在日米軍関連経費」も負担する。

　沖縄は「米軍基地」「大人の貧困」「若者の貧困」「子どもの貧困」という社会問題が複合的に結び付き、それが凝縮した形で現れている。稼げる産業分野が衰退し、それに代わる新たな産業を見出しあぐね、安定雇用を提供できなくなっている日本の産業構造の問題と大人の貧困問題がくっきりと見えてくる。子どもの貧困問題の多くには、同居する親などの家族を含む世帯としての貧困がある。高校生・大学生も生活費・学費等のために長時間のアルバイトをしなければならないという、若者の貧困問題もある。これらの問題は、大人の貧困問題を解決することなくして、根本的な解決とはなり得ないのだが……。

ナナリー 9分前

お父さんの会社、コロナで売り上げが下がったからって、ボーナスは自分とこで売ってるストーブ10台だって

 サイカク 7分前

OH、自分で売ってこいというわけですか、クレージー！

 ゆうきゃん 5分前

組合の大先輩の話だと、昔はそういう現物支給もけっこうあったらしいけどね。法律的には基本はアウトだよ

 かっけ 4分前

ゲームなら詫び石（＊）はありがたいけどな
てか自分も、バイト代入るの月末だから、それまでカップ麺でしのがないと

 サイカク 2分前

ハハンッ、どうせゲームの課金しすぎデショw

 ゆうきゃん 0分前

非常時には、すでに働いた分までの給料は請求できるっていうルールはあるけど、それだとさすがになあw

＊詫び石…ゲームで急な障害やメンテナンスがあった場合に、運営側から「お詫び」として配布されるゲーム内通貨。ゲーム内での抽選等に利用できる。

 ## さらに考えてみようー私たちの周りの『リアル』ー

うちの会社では、来年度から賞与の一部がストックオプションで支払われることになったけど、これって何？労働法的にはどうなの？

5章

「ちゃんと」働き、「ちゃんと」休もう

#チャットルーム　今週は「鶴の恩返しパートⅡ」の2周年記念イベント。レアなアイテムを簡単にゲットできるチャンスだが…。

サイカク　　　　　　　　　　　　　　　　40分前
最近は忙しくて全然ゲームできてない
同僚も、休憩時間まで仕事していて、休憩の意味がないね

あんかちゃん　　　　　　　　　　　　　37分前
分かります。夫も、働き方改革で残業禁止になったけど、結局家に持ち帰って仕事しています。
残業代も出なくなって「ただ働き改革」だっていってました。

ゆうきゃん　36分前
旦那さんうっまw

あんかちゃん　　　35分前
あれ、いま仕事時間中じゃないんですか?

ゆうきゃん　　　　　　　　　　　　　34分前
いや、今日はお昼の電話当番だったから。当番終わって今休憩中

サイカク　　　　　　　　　　　　　　32分前
お昼の電話当番中は、ランチしててもいいけど席にいないといけないから、休んだ気が全然しないデス

ゆうきゃん　　　31分前
それは労働法的にはアウトだね

仕事と休憩、しっかりメリハリをつけて…というのが理想だろうが、現実はなかなか厳しい。ここでは、そんな労働時間のルールを学ぼう。▼

（1）働く時間の「キホンのキ」──労働時間の原則

■ビミョーに違う！　法定労働時間と所定労働時間

　労基法では、１週および１日を単位として労働時間の上限を設けている。休憩時間を除いて、１週間に40時間、１日に８時間を超えて労働させてはならないと規定されており（32条）、これを法定労働時間というのだ。1987年に労基法が改正されるまでは、１日単位の労働時間で規制することを基本としていたが、現在では、週単位での規制が中心となっている。かつて、製造業が中心であった時代は、「１日の拘束時間」が重視されていたけれど、その後、サービス産業が主流を占めるようになってくると、週単位でとらえる方が、労働実態になじみやすいと考えられるようになってきたからだ。ただし、商業、映画・演劇業、保健衛生業、接客業で、常時10人未満の労働者を使用する事業場については、営業時間は長いものの、仕事が忙しかったりヒマだったりの差が大きいなどの特殊性があるから、今でも特別に１週44時間、１日８時間が法定労働時間とされているんだ（労基則25条の２第１項）。

　労基法は、（２）で示すいくつかの例外を設けているが、週40時間、１日８時間という法定労働時間の原則を絶対的なものとしている。10頁でも触れられていたけど、法定労働時間を超えて労働させた使用者には罰則が適用され、また、法定労働時間を超える労働時間を定める労働契約を結んだとしても、その部分は無効となって、法定労働時間だけ働けばいいことになるんだ。

　この法定労働時間とは別に、所定労働時間という考え方がある。これは、会社が就業規則等で定めた、「労働者が実際に働く義務を負っている時間」のことだ。たとえば、ある会社で、始業が８時30分、終業が17時（休憩１時間）と決まっていたなら、所定労働時間は７時間30分ということになる。労基法89条１項では、「始業及び終業の時刻、休憩時間…」を就業規則に定めなければならないとなっているから、だいたいは、就業規則に定められた「始業から終業時間までのうち、休憩時間を除いた時間」が所定労働時間であるといっていいだろう。

　所定労働時間が法定労働時間内に収まっていれば問題はないが、上でも書い

たように法定労働時間を超える労働時間を所定労働時間とすることはできない。ただし、一定要件を満たせば、法定労働時間を超えて労働させること（時間外労働）も可能であるが、これは（2）でお話ししよう。

　ところでみなさんも「残業」という言葉は聞いたことあるだろう。一般的には、所定労働時間を超えて働くことを残業という。この残業と「時間外労働」は同じ意味で使われていることも少なくないが、あくまでも法定労働時間（所定労働時間ではない）を超える労働時間が労基法上の「時間外労働」。なので、残業ではあっても「時間外労働」にはならない、という場合もあるんだ。

（例）所定労働時間が8時半〜17時15分（うち12時〜13時が休憩時間）
　　　のジョン（サイカク）のケース
　　法定労働時間＝8時半〜17時半
　　時間外労働　＝17時半以降
　　（法内残業　＝17時15分〜17時半）

 ボクの場合、17時15分〜17時半は、「残業」なんだけど時間外労働じゃない、ってことなんだね。

■どこからどこまでが労働時間？

　労働時間の開始と終了、つまりいつからいつまでが労働時間なのかは、ちゃんと法定労働時間や所定労働時間を守っているかどうかという点でも、また、あとで出てくる割増賃金を計算するうえでも重要な意味を持つ。たとえば、就業規則上の始業時間は8時30分なのに、実際には、「8時15分には出社し着替えをすましておくこと」などとされていることも少なからずあるんだ。このような仕事前の準備や、仕事が終わってからの後始末にかかる時間は労働時間に含まれない（＝給料をもらえない）のだろうか。

　このことについて最高裁は、「労働者が使用者の指揮命令下に置かれている時間」であって、「使用者から義務付けられ、またはこれを余儀なくされた」時間については、労働時間になるとの考え方（指揮命令下説という）をとっている（＊1）。具体的には、始業前の作業服への着替えや保護具の装着、終業後、作業服からの着替え、保護具の離脱などが義務付けられている場合、これに要する時間は労働時間に当たるとしたんだ。

　たしかに、指揮命令下なんだから労働時間でしょ、というのはよくわかる。でも「指揮命令下だけど明らかに何も仕事していないような場合」までも労働

時間になるの？という批判もある。そこで学説の中には、この指揮命令という要件だけじゃなくて、業務性がある（業務に従事している）ということを労働時間の判断要件に加えるべきだという考えも有力だ。

　いずれにしても、労働時間は客観的に定まるものであって、就業規則等の定めによって決まるものではないことには要注意だ。就業規則等によって、着替え等は労働時間にならないとなっていても、客観的に見て、使用者の指揮命令のもとにある時間だと評価されれば、労働時間に含まれるし、それが所定労働時間外であれば、基本的には残業代がもらえるはず、というわけだ。

　（参考裁判例） ＊１…三菱重工長崎造船所事件・最判2000.3.9

（2）実はいろいろとあります──労働時間制度の例外

　法定労働時間の「原則」は、１週間40時間・１日８時間。だけど、そこに収まらない働き方をしている人も、けっこういる。ここでは、そんな法定労働時間の「例外」を見ていこう。

■「青天井」ではありません！　時間外・休日労働

　法定労働時間を超えた、あるいは法定休日（労基法35条）の労働は、「時間外・休日労働」と呼ばれる。これには、非常災害時や、公務のために必要がある場合もあるが、最もメジャーなのは、時間外・休日労働についての労使協定（いわゆる36協定）による時間外・休日労働だ。

　36協定を結べば、使用者は、労働者に時間外・休日労働をさせても、労基法違反とはならなくなる（免罰的効力）反面、36協定がないのに時間外・休日労働をさせれば、法律上は懲役または罰金刑となる（労基法119条）。ちなみに、ちょっと細かいことだが、36協定では「労基法違反ではなくなる」というだけで、「労働者に、時間外労働を命じられる」わけでは必ずしもない。使用者が労働者に時間外労働を命じるためには、36協定のほかに、就業規則の合理的な規定などの、はっきりした根拠が別に必要だ（＊１）し、さらに言えば、仮にそういった根拠があっても、あまりに理不尽な形で時間外労働を命ずるのは問

題となるだろう（親が危篤でも働け！　みたいな）。

　36協定には、延長できる事由や時間などを書くことが必要だが、36協定さえ結ばれていれば、何時間でも時間外・休日労働をさせられるのだろうか。かつては、手続さえ踏めば上限なく時間外労働させることも可能だったが、2018年の労基法改正で、時間外労働は原則として月45時間・年360時間、②例外（特別条項）であっても、年間720時間以内（休日労働を除く）、最長の月でも100時間（休日労働含む）未満、などの上限が置かれたため、それ以上の時間外労働は、懲役または罰金刑の対象となる。こうやって規制が厳しくなったためか、時間外労働は統計上は減ってきているようだ（が、実際には、時間内に仕事が終わらず、持ち帰ってこっそりファミレスでやっている労働者も結構いるとか…）。

　なお、時間外労働や休日労働をさせた場合、使用者は、通常よりも少し多めの賃金を払わなければならない（割増賃金）。法定労働時間を超えた時間外労働分と深夜労働（22時〜5時）には25％以上（月60時間以上の時間外労働の場合は原則50％以上）、休日労働は35％以上の割増賃金を、通常の賃金（家族手当、通勤手当、住宅手当などは除かれる）に上乗せして払う必要がある。

　最近は、定額（固定）残業代として、一定の手当を割増賃金の代わりに払うとしていたり、基本給を「〇時間分の割増賃金込み」という形で計算する企業も増えている。それだけで即座に違法、とはいえないが、少なくとも、定額残業代の額が労基法のルールで計算した額を下回ってはまずい（下回る場合は精算していることが必要）だろう。また、どこまでが通常の賃金で、何時間分の残業代に相当しているのかなどがはっきりしていない場合は、労基法のルールで計算したものを上回っているかも判別しづらいため、その点で違法と判断されることもある（＊2）。もしあなたの会社が定額残業代制度だったら、ちょっと気を付けたほうがいいかもしれない。

■忙しいときと暇なときに差があるなら──変形労働時間制

　業種によっては「月末の1週間は忙しいけど、それ以外は割とヒマ」なんてこともある。それでも使用者は、1日8時間・1週40時間を超えて働かせれば、その分は割増賃金を払わなければならないが、「長く働く日や週もあるけど、もうちょっと長いスパン全体で見たら、法律の基準内に収まってる」という場

合には、一定の手続を踏めば、割増賃金を払わなくてもすむ。これが変形労働時間制で、「1カ月単位」「1年単位」「1週間単位」がある。ただし、導入するためには労使協定の締結など一定要件を満たさなければならない。

　また、これと似た制度でフレックスタイム制度がある。これは、ある期間（1カ月以内）の全部の労働時間が法定労働時間の範囲内に収まっているなら、始業・終業時刻を一定の時間帯（フレキシブルタイム）の中で、労働者が自由に決められる、という制度だ。こちらは労働者が自由に出・退勤時間を決められるという点で、労働者にも都合がいい。もっとも会社的には「忙しい時間帯に誰も出勤してない！？」というのは困るので、「必ず出勤していないといけない時間帯（コアタイム）」が就業規則の中に置かれていることも多い。

■時間が把握しにくい仕事は、一定時間働いたことに──みなし労働時間制

　このほか、労働者の実際の労働時間に関係なく「一定時間、労働したものとみなす」という制度（みなし労働時間制）である。これは、実際に働いた時間が何時間かに関係なく、一定の労働時間働いたことにする」という制度で、2つのタイプのものがある。

①事業場外みなし制

　外回りの営業社員など、会社（事業場）の外で働く場合、労働時間の正確な把握が難しいこともある。そんな時に、実際働いた時間が長くても短くても、一定時間（所定労働時間）働いたものとみなせる、という制度だ（ただし、所定労働時間を超えることが明らかな場合には、それをするのに通常必要とされる時間、とされている）。ただ、この制度が使えるのは、あくまでも「労働時間を算定し難い」場合のみ。スマホ等で上司から逐一指示を受けているとか、訪問先や訪問時間の報告などを求められている場合（＊3）などはダメ。テレワークも、使用者の指示でPCが常時通信可能な状態などの場合は難しいだろう。

②裁量労働制（専門業務型・企画業務型）

　仕事によっては、使用者が、仕事の進め方や時間配分について細かく指示しづらいものもある（研究、開発など）。裁量労働制とは、そういった業務をしている労働者について、実際の労働時間にかかわらず、一定の時間働いたものと「みなす」ことができるというもので、専門業務型と企画業務型の2タイプが

ある。ただしどちらも、休日や深夜（夜10時以降）に働かせた場合は、使用者は割増賃金を払わなければいけない。

　専門業務型裁量労働制は、一定の対象業務（取材・編集、プロデューサー、デザイナー、弁護士、大学での教育研究など）に従事する労働者について、労使協定の締結などを要件として、所定労働時間労働したものとみなすことができる制度だ。ただし対象業務に該当していても、仕事の進め方や時間配分について使用者が指示をしていたりすると使えない。また企画業務型裁量労働制は、「事業の運営に関する事項についての企画・立案・調査・分析の業務」に従事する労働者について、やはり一定要件を満たすことで所定労働時間労働したものとみなすことができる、とするものだ。こっちは専門業務型と違って、「企画」とか「調査」みたいに曖昧なので、導入要件は厳しくなっている（労使同数で組織される「労使委員会」での5分の4以上の決議、決議の行政官庁への届出、本人の同意など）。ただ、時間配分や仕事の進め方は自由でも、仕事量やノルマ、期限などまで自由というわけではないので、仕事が期日までに終わらなければ、結局は残業するしかない…ということも、現実には少なくなかったりする。

■休みも無ェ、割増賃金も無ェ！？──管理監督者・高プロ制度

　このほか、そもそも「労働時間規制になじまない」ということで、労基法の労働時間などの規制が最初から除外されているタイプの労働者もいる。ここではそのうち、管理監督者と、2018年の労基法改正で新たに導入された高度プロフェッショナル（以下、高プロ）制度を見ておこう。

①管理監督者

　「課長になると残業代が出なくなる」なんて話、聞いたことないだろうか。たしかに労基法では、「監督若しくは管理の地位にある者（管理監督者）」については、労働時間、休憩、休日の規定が除外される、となっている（深夜業の規制だけは適用されるため、深夜労働の分は払わなければいけない）。

　でもちょっと待って。法的には「管理監督者」の要件は実は結構きびしい。行政解釈では「労働条件の決定その他労務管理について経営者と一体的な立場にあるものをいい、名称にとらわれず実態に即して判断する」とされている。要は「そのくらいエライ人なら、時間も融通が利くだろうからわざわざ法律で

保護しなくてもいっか」ということなので、出勤時間が決まっている管理職や店長クラスでは、労基法の管理監督者にはまず該当しない。裁判例でも、仕事の内容や権限・責任、勤務態様（出退勤時間の自由度など）、待遇の高さなどから、管理監督者には当たらないとするものが多い（＊4）。

②高度プロフェッショナル（高プロ）制度

金融商品開発など、高度の専門的知識を必要とする、「かけた時間と成果との関連性が通常あまり高くないと考えられる」業務で、年収が1075万円以上の労働者については、一定の手続を踏むことで、労基法の規制が適用されなくなる、という制度だ（割増賃金はもちろんない）。まあ、全く時間規制がなくて大丈夫なのかという批判が強かったこともあってか、一応、年104日以上の休日を与えることや、一定の健康確保措置の実施、導入には労使委員会（上述）の5分の4以上の決議、本人の同意が必要、などの要件が置かれている。

時間にしばられずに成果を上げて高い報酬の欲しい人のため、という想定（？）で導入された制度だが、こっちも裁量労働と同様に、仕事が終わらなければ結局は際限ない長時間労働につながりかねないうえ、裁量労働と違って仕事の進め方や時間配分さえ自由とは限らない。年収が高くても使用者と交渉できるとも限らない。そう考えると、やっぱりちょっと心配かもしれない。

高プロに限らず、働き方改革の根底には「ダラダラ残って残業代を稼ぐ労働者はけしからん」から、労働時間と賃金を切り離したいという思惑があった。もちろん、集中して仕事をテキパキ終わらせることは大事だろうが、働き方改革をおし進めてきた（元）総理大臣が147日連勤で体調を崩してしまった（？）ように、現実には、必然的に時間をかけざるを得ない面もあるだろう。その意味で、ただ労働時間と賃金を切り離すことがいいことなのかは、ちょっと立ち止まって考えたほうがいいだろう。

（参考裁判例） ＊1…日立製作所武蔵工場事件・最判1991.11.28
＊2…医療法人社団康心会事件・最判2017.7.7、日本ケミカル事件・最判2018.7.19
＊3…阪急トラベルサポート〔第2〕事件・最判2014.1.24
＊4…日本マクドナルド事件・東京地判2008.1.28

（3）体力回復のため…だけじゃない！——休憩・休日・有給休暇

■休　　憩

　「休憩もロクにとらせてもらえない」、「昼休憩中なのに、お客さんが来たら対応しなければならないから、休んでる気がしない」など、学生アルバイトの現場でよく耳にする。機械じゃないのだから、休憩も取らずにひたすら仕事に打ち込めば、いずれ身体も心も悲鳴を上げるだろう。働くことと休むことは背中合わせである。休むことをおざなりにしていては、肝心の仕事にも悪い影響が及ぶことは必至だ。ということで、ここでは休憩が労働法上どのように規定されているのか、見てみよう。

①きちんと休むための法規制

　今さらいうまでもないことだが、休憩の目的は「労働者の精神的・肉体的な疲労を回復させること」である。疲労の蓄積により、ケガや病気を引き起こす確率も高まる。特に長距離ドライバーやバスの運転手などは、ヒヤリハットではすまされない事態を招く可能性もある。「きちんと休む」ことを決してナメてはいけない。

　労基法34条は、「6時間」と「8時間」という2つの基準に基づいて下記の規制を定めている。

　・労働時間が6時間を超える場合…少なくとも「45分」の休憩を付与しなければならない。

　・労働時間が8時間を超える場合…少なくとも「1時間」の休憩を付与しなければならない。

　なお、「超える」となっていることに要注意！　つまり、労働時間が6時間きっかりだったら休憩を与える義務は、実は法律上はないということだ。同様に労働時間が8時間きっかりだったら、休憩は「45分」で足りることになる。しかしこれはあくまでも法律を四角四面にとらえた場合の話。実務的には、労働時間が6時間であれば、休憩時間は45分以上、8時間であれば1時間としている職場が大多数だろうと思われる（労基法の定めより有利な条件を設けることは何ら問題ない）。みなさんの職場はどうなっているだろうか。

②休憩をめぐる３つの原則

　休憩をめぐっては、主に次の３つの原則がある。

　（ⅰ）　自由利用の原則

　使用者は休憩時間を付与した場合、労働者を完全に業務から解放し、その自由な利用に委ねる必要がある。これを「自由利用の原則」と呼ぶ。たとえば上司から休憩時間内にちょっとした業務を頼まれて対応を余儀なくされたり、休憩が終わる５分前に着席するよう指導されている、といったケースはよくあるケースだが、そういった時間は仕事をしているのと変わらないのだから、本当は休憩時間とはいえないだろう。ただし、労基則33条で定める者については自由利用の原則は適用されない。たとえば、警察官や消防団員、児童自立支援施設の職員で児童と生活をともにする者などがこれに該当する。

　自由利用の原則がある以上、休憩時間に外出するのも基本的には労働者の自由だ。ただし、職場の規律を維持したり、施設管理のために必要最小限の制限を加えることは認められる。たとえば、「休憩時に外出する際は上司に一言伝えておく」というルールは、休憩中に事故などに遭った場合などを想定すれば、合理的な範囲内と判断される可能性が高いだろう。また「休憩中に会社のパソコンでゲームをしてはいけない」というルールを決めるのも、会社の施設管理の観点から許容されるだろう。さらに「ランチ休憩でアルコールを摂取してはならない」と決めるのも、会社の評判やその後の業務への支障を考えれば許容されるだろう。

　（ⅱ）　途中付与の原則

　休憩は労働時間の「途中」に与えなければならない。ここでいう「途中」とは、労働と労働の合間という意味であり、業務開始前や業務終了後に休息を与えても「休憩」を与えたことにはならない。なお、休憩を取らせることは使用者の法律上の義務である。したがって、たとえ労働者が「休憩はいりません」といったとしても、休憩を与えない行為は違法である。

　なお、休憩時間をどのタイミングで付与するかについて法令上の決まりはない。一般的に休憩時間は昼の12時から付与するケースが多いが、法律上は「途中付与」とだけ定めているので、たとえば、午前11時や午後１時からの休憩であっても問題はない。

(iii) 一斉付与の原則

　休憩時間は事業場において一斉に付与しなくてはならないのが原則である。しかし例外もある。1つは業種による適用除外である。たとえば、運輸交通業、保健衛生業、映画・演劇業、接客娯楽業等は、労基則31条によって適用除外とされている。また、上記の業種に該当しない場合でも、労使協定を締結すれば適用除外となり、個別に休憩を取らせることが可能になる。

③仮眠時間は休憩？

　たとえば、24時間体制で警備する人や宿直を伴うような業務は、拘束時間が長時間となりがちであり、拘束時間中の一定時間、仮眠のための時間を設定されている場合がある。では、このような仮眠時間は、果たして労働時間なのだろうか。それとも休憩時間なのだろうか。

　この疑問に対する回答として非常に有名な判例がある。大星ビル管理事件（最判2002.2.28）だ。本件はビルの警備員の仮眠時間が休憩か労働かをめぐって争われたケースだが、最高裁は、警報や電話などにただちに対応することが義務付けられ、制服を着たまま取るような仮眠時間は、対応の必要性が皆無に等しいなどの事情がない限り、実作業に従事していない時間も含め、労働からの解放が保障されていないということで「労働時間」と判断した。つまり、仮眠時間が労働に従事していない不活動時間であったとしても、仮眠場所と就労場所が区別されず、呼出があれば即対応することが求められるといったような場合は、仮眠時間は休憩ではなく、労働時間と判断されることになる。

■休　　　日

　休日が少なかったり、やたら休日出勤が多かったりすると、「これって労働基準法上大丈夫なのかな？」と疑問に思うだろう。休日と一言で言っても「法定休日」「法定外休日」「振替休日」「代休」などさまざまなものがあり、それぞれ法的な取扱いが異なる。

　そのため、自分の職場の休日の現状が労働法上問題ないかどうか判断するためには、まずは、それぞれの休日の定義をしっかり理解することが大事だ。ということで、ここでは、まず休日の法律上のルールについて見ていこう。

①法定休日とは

　法定休日とは、労基法35条によって、会社が社員に対して必ず与えなければならないと定められている休日のことである。本条では、使用者は労働者に毎週少なくとも「1回」休日を与える必要があること、または4週間を通じ4日以上の休日を与える必要があることを定めている。つまり、労基法が法律上義務付けているのは「週休1日制」であり、「週休2日制」にまでは及んでいない。

②法定外休日とは

　法定外休日とは、法定休日以外の、会社が社員に与えることを決めている休日のことである。法定休日が労基法で定められた休日であるのに対し、法定外休日は労基法での定めがなく、あくまでも、会社が労働契約や就業規則によって決めている休日のことである。具体的には、週休2日制を取る場合の法定休日ではない方の休日、国民の祝日、会社の創立記念日、お盆や年末年始休日などが、法定外休日に当たる。

③振替休日と代休の違い

　「振替休日」とは、「休日出勤の前日」までに振替日を指定したうえで労働者に伝え、休日と労働日を入れ替えることをいう。代わりの休日が同じ週の中に収まっていれば、休日出勤の割増賃金は発生しない。

　「代休」とは、社員を労働させた後で、その分の代わりの休日を与えることである。つまり、「休日に労働させた」事実は消えないので、すでに休日労働した日については、休日労働の割増賃金（3割5分増）を支払わなければならない。

《振替休日と代休》

休み…土日

振替休日：あらかじめ、休日と労働日を入れ替える

日	月	火	水	木	金	土
労	労	労	休	労	労	休

入れ替え

代休：あとから休日出勤に対して代わりの休日を与える

日	月	火	水	木	金	土
労	労	労	休	労	労	労

代休にする

休日出勤の割増賃金が発生

■年次有給休暇（有休）

　「有休を希望通りに取れない！」、「有休を取る日を、会社から指定されるのって問題ないのかな？」などの疑問を抱いたことはないだろうか？　また、有給休暇を会社に申請するときに「なんで休暇を取りたいの？　理由は？」などと根掘り葉掘り聞かれたり、「今は忙しいから有給なんて無理！」と頭ごなしに

言われると、ストレスが溜まりまくるだろう。でも周りを見渡すと、先輩たちもあまり有休を取っている気配がない…ここはガマンするしかないのか。いやいや、そんなことはない！…ということで、ここでは、有給休暇が労働法上どのように定められているのか、見てみよう。

①有給休暇の基本ルール

　有給休暇（有休）とは、労働者が賃金の支払いを受けながら休暇をとることができる制度である。労基法39条は、有給休暇を会社が従業員に必ず与えなければならない休暇だと厳密に定めている。すなわち、法律の定め通りに有休が取得できていなければ違法であり、罰則の対象となる。

　労働者は基本的に、理由を告げる必要なく、会社の許可を取る必要もなく、希望する時期に有給休暇を申請して取得することができる。50年近く前の判例だが、林野庁白石営林署事件（最判1973.3.2）では、「休暇をどのように利用するかは、使用者の干渉を許さない労働者の自由である」とされており、判例においても「年休自由利用の原則」という考え方が確立しているといえる。

　これは、正社員でも、契約社員やパート、学生アルバイトであっても同じだ。ただ、有休を取得するには、ある要件をクリアする必要がある。さらに、勤務日数と週の所定労働時間の長さに比例して休暇の日数も変わってくることについても注意が必要だ。詳細については、次で紹介する。

②有休の成立要件

　労基法39条1項は、有休の成立要件として次の2つを定めている。

《年次有給休暇の付与日数》

継続勤務日数	有給休暇の付与日数
半年	10日
1年半	11日
2年半	12日
3年半	14日
4年半	16日
5年半	18日
6年半以上	20日

①　入社日から6カ月以上継続勤務していること

②　全労働日の8割以上出勤していること

　だから、「入社してからまだ3カ月しか経過していない」、「病気や家庭の事情で、定められた労働日の2割以上欠勤してしまった」などの場合は、要件を満たしていないことになる。6カ月継続勤務した労働者には「10日間」の有休が発生

し、表1のように勤続を重ねるごとに加算される。

また、「週所定労働日数が4日以下で、かつ週所定労働時間が30時間未満」の労働者の場合は、表2のように比例的に算定された日数の有休が発生する。つまり、有休の付与日数は、正社員、パート、アルバイトといった身分とは一切関係なく、所定労働日数や労働時間に基づいて決まるということである。

週所定労働日数が4日以下かつ週所定労働時間が30時間未満の労働者の有給休暇の付与日数

継続勤務日数	週所定労働日数			
	4日	3日	2日	1日
半年	7日	5日	3日	1日
1年半	8日	6日	4日	2日
2年半	9日	6日	4日	2日
3年半	10日	8日	5日	2日
4年半	12日	9日	6日	3日
5年半	13日	10日	6日	3日
6年半以上	15日	11日	7日	3日

なお有休は、原則1日単位で申請・取得するものである。しかし、条件を満たせば、半日単位や時間単位での有給休暇の取得も可能だ。ただそのためには、有給休暇の時間単位での付与日数が年間5日を超えないこと、労使間で時間単位での取得について合意し、それが労使協定および就業規則に記載されていること、という2つの条件を満たす必要がある。

②使用者の時季変更権

有給休暇を取得する時には、あなたは自分で取得する「時季（日程）」を指定することになる。これを労働者の「時季指定権」という。ただし、会社にとって都合が悪い場合は、例外的に他の時季（日程）に変更することができる。これを使用者の「時季変更権」という。

「都合が悪い場合」とはどんな場合だろうか。時季指定権をめぐる最も有名な判例である時事通信社事件（最判1992.6.23）によると、労働者が有休を取ることで「事業の正常な運営を妨げる」場合とされており、次の2点が明らかに認められるときは、使用者の時季変更権行使を認めるとしている。

①　その日におけるその労働者の労働が事業運営に不可欠

②　代替要員の確保が困難

つまり会社は労働者に対して、有休を取得できるように代わりの人員を補充したり、シフトを調整して部分的にでも有給休暇を認めるなど、可能な限り労働者が希望通りに有休が取得できるよう配慮する必要があるということだ。

③計画年休とは

《有給休暇の計画的付与（計画年休制）》

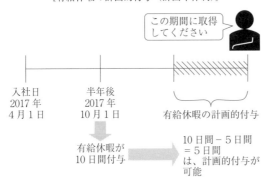

実は、会社側が事前に有休を指定することもできる。「計画的付与（計画年休）」といい、労基法上付与される有休のうち、労働者の過半数代表と使用者が労使協定を締結することにより、有休を与える時季に関する定めをしたときには、「年間5日を除く日数」については、会社があらかじめ日を指定して計画的に付与することができる制度である（上図参照）。

　たとえば、あなたが取得できる有休が15日間の場合、計画的付与ができるのは10日間となる。他方、あなたの有休が5日間しかなければ、計画的付与できる日数は1日もないということになる。

　本来有休とは、労働者各人の自由な意思に基づき、使用者に気兼ねなく当然に消化されるのがあるべき姿であるが、労働者の自由に任せていてはいつまでたっても有休取得率が上がらないということで、事業場単位でいっせいに付与できるようにしてしまおうという趣旨で作られた制度である。

　ところで、ここで問題になるのは、過半数代表の選出方法である。事業場に過半数を組織する労働組合があれば、当該労働組合が過半数代表になるが、多くの職場にはそれが存在しない。そうなると、過半数代表を投票や挙手等の手段で選出することになるが、選出方法が形骸化していたり、使用者の意向が強く反映された選出が行われることが往々にしてある。そうなると、結局のところ、労使協定も労働者の意向に沿ったものにならず、むしろ使用者の都合に合わせたものになってしまう。

　また、後述する2019年からスタートした有休義務化に伴い、会社が効率よく義務を果たすための手段として、計画的付与の制度が俄然再注目される…という皮肉な状況も見られる。最近の興味深い判例として、シェーンコーポレーショ

ン事件（最決2020.7.28）がある。本件は、法定有休日数の2倍の20日間の有休を付与していた会社が、20日間のうち15日間について労使協定を締結することなく「計画的付与制度」をとっていたというケースである。原告の労働者は、労使協定を締結していないから計画的付与制度は有効でないと考え、出産を控えていた妻と生まれてくる子の世話のため、希望する日の有休を申請したところ、使用者は認めなかった。結局、申請通りに休暇を取った労働者に対して、被告会社は「無断欠勤」だとして、最終的に雇止めにしたという事案である。

　裁判所は、法定の有休を超えた部分については、労使協定がなくても計画的付与が可能であるとしながらも、会社が法定の有休の部分と法定を超えた部分とを区別せず、全体を計画的付与制度としていたため、どの日が法定を超えた有休に関する指定であるかの特定ができないので、全体として計画的付与制度は無効になると判断し、「年間20日の有休のすべてについて労働者が時季指定できる」と結論付けた。

　このケースは、「有休は誰のものか？」という根源的なテーマを改めて考えるきっかけを与えてくれる。残念なことだが、多くの職場で過半数代表の決定手続が形骸化し、労働者の真意が反映されていない状況があるだろう。しかし、労働条件は労使が「対等」に決めるべきものである。有休もその1つ、保障された権利が絵に描いた餅にならないよう、労働者がきちんと権利を形にしていくことが大切だ。

④働き方改革の一環——有休の義務化?!

　「働き方改革」の一環として、2019年からすべての企業において、少なくとも「年間5日」の有休を取得させなくてはならない「義務」が課せられることになった。有休付与義務が発生する対象者は、有休が10日以上付与される労働者であり、学生アルバイトだって条件に該当すればもちろん対象となる。

　有休取得率を何とかして引き上げたいと考える国の意図が反映された「有休の義務化」だが、労働者が自分の好きな時季に5日以上有休を取っていれば、ここまで法律がお膳立てをしてあげる必要もない。使用者にオマカセでなく、自分の有休は自分の好きな時に、しっかりと取ってほしい。願わくば、まずは上司や先輩から実践して「休み方のお手本」を示してほしいものである。

サイドストーリー7　若者の過労死・過労自殺

　長時間労働などの過重労働による肉体的負荷、過重なノルマ・達成困難な目標設定等による精神的負荷に起因する「過労死」「過労自殺」が広がる。二度も若者の過労自殺を引き起こした会社で働いていた、若者の遺族の手記には、「（娘）はずっと頑張ってきました。……人は、自分や家族の幸せのために、働いているのだと思います。仕事のために不幸になったり、命を落とすことがあってはなりません」と述べられている。この言葉は重く、働くことの意味を考えさせられる。「なぜ、働くのか」と問われた、どう答えるか。「生きるためにはお金が必要だ。仕事を通じ社会に貢献できると実感すれば仕事も楽しくなる。自分の成長とキャリア形成も図ることができれば、仕事は益々楽しくなる」という答えがある。生存・関係・成長の三欲求がバランスし、最上位の成長欲求が満たされれば、一段と成長を追い求めるという米国のアルダファーの「ERG理論」に基づく。

　入社3年以内に、中卒7割・高卒5割・大卒3割が辞める「7・5・3問題」がある。この原因を「若者の考えが甘い」「若者の職業理解が未熟である」として、若者側に求める、キャリア教育・労働関係セミナーが花盛りである。しかし、これは「自己実現」や「モチベーションを高める」などの言葉で若者を幻惑し、収奪する働かせ方につながっているのではないか。自己実現という言葉は「若者自身の長年の夢を達成する」という印象に結び付けられる。「お客様の笑顔を引き出す」「お客様に満足していただく」「お客様は神様である」を合い言葉に、やりがいを強調し、低賃金で酷使する経営方法である。「働くことを通じて人間は成長する」という名言（迷言）もある。しかし、「過労死しそうな企業で…」をこの文章の前に付け加えても、そう言い切れるか。労働には、やりがい・面白さ・生きがい・喜びという側面だけではなく、苦痛・心身ともに摩耗させる過酷な働き方という側面もあり、両面を教えるべきだ。企業も面接で自己実現を強調するだけではなく、企業で働く困難な場面を説明すべきだ。

　「理想論は社会では通用しない」「君も大人になればわかる」などの言葉を若者に押し付ける大人は多い。労働契約は使用者の支払う賃金と労働者の労働力の交換関係である。労働者は労働時間に見合った「まっとうな賃金」による評価を受けるべきであり、命も守られない、自己実現はごまかし以外の何物でもない。

かっけ 　　　　　　　　　　　　5 分前

残業の多い会社とか、マジ就職したくねえ

 ナナリー 　　　　　　　　　　　　5 分前

わかるー！給料は多少安くても、早く帰れるところがいい！

 ゆうきゃん 　　　　　　　　　　　3 分前

そうなんだよね
でもまあ、残業代が減ると生活が困るって声も案外あったりして、
組合としても、結構悩みどころなんだよね

 サイカク 　　　　　　　　　　　　2 分前

残業代がなくても生活できるようにするのが組合の役目デショ？

 かっけ 　　　　　　　　　　　　1 分前

正論すぎ w w でも遅くまで残って仕事しなきゃいけないのって、
やっぱり能率が悪いからなんじゃないの？

 ナナリー 　　　　　　　　　　　　0 分前

そういえばかっけ、ツイッターで、4000 字のレポートが土曜ま
でで終わりそうにないって書いてなかった？

 かっけ 　　　　　　　　　　　　0 分前

やべ、明日までじゃん！ぴえん超えてぱおん！
これから徹夜するしかねえ！

 ## さらに考えてみようー私たちの周りの『リアル』ー

うちの会社では、残業するには上司の許可が必要だが、なかなか許
可してもらえない。そのくせ、明日までに完成させろって圧力だけ
は強い。仕方なく、自宅に持ち帰って自宅でやっているけどどうな
んだろう。てか、残業にはならない？

6章

シゴトとカゾク、どんな関係がベスト？

#チャットルーム ここ数日、SNSで「夫が育休復帰後2日で単身赴任命令。保育所も決まったのにありえない。」との書き込みが炎上中。今日はこの話題に…。

サイカク　　　　　　　　　　　　29分前
こーゆーのって、日本ではアリなのですか？

かっけ　　　　　　　　　　　　28分前
会社は「法的問題はない」といってるみたいだけどさすがにやばいっしょ

あんかちゃん　　　　　　　　　　26分前
夫の友人が育休を取ろうとしたら「男のくせにありえない」っていわれたそうです。

ナナリー　　　　　　　　　　　　26分前
は？！育休はやっぱり女性が取れってこと？

サイカク　　　　　　　　　　　　24分前
おかしいです
最近、企業が、年休をとらせる義務ができたみたいだから、男性にも育児休業を取らせる義務があったらいいのに

さくらもち　　　　　　　　　　22分前
でも私の元ダンナなんて育休取ってからずっと遊んでやがって、仕事してたほうがマシだったよ
ま、だから離婚したんだけど(-_-メ)

少しずつ増加傾向にはあるが、男性の育休取得率はまだ低い。
男女平等の観点からはあきらかに問題だが、といって単に男性の取得率を上げれば解決というものでもない？さて…。▼

（1）働きながらの出産・子育て──産前産後休業・育児介護休業

■マタハラなんてオサラバしたいのに

　「マタハラ」という言葉、おそらく耳にしたことがあるだろう。「マタニティ・ハラスメント」が省略された言葉で、働く女性が妊娠・出産を理由として解雇・雇い止めをされることや、職場で受ける精神的・肉体的なハラスメントのことである。妊娠経験のある女性労働者の４人に１人が「マタハラを受けたことがある」といった調査結果もあり、「妊娠したら解雇された」、「会社に、うちには育児休業の規定はないと言われた」、「妊娠中にもかかわらず残業や重労働を無理にさせられた」といった声が上がっている（なお育児休業（育休）取得を理由とするハラスメントは男性にもありうるので、厳密にはマタハラには含まれないが、実際にはこれもマタハラと表現されていることが多い）。

　こうしたことを聞くと、「日本は女性労働者の働く環境が全然整っていないんだなぁ 😞」「さすが、男女平等ランキング153カ国中121位の国だけあるわ 😩」と怒りを通り越して悲しくなってしまいそうだが、日本でも、いちおう法制度上は、働きながら妊娠・出産・子育てをするための女性労働者の権利（子育ては男性もだが）が存在している。もっとも、労働者自身も権利について十分知らなかったり、企業の意識や周囲の環境・理解が追いついておらず権利を使いにくい、といったことなどもあって、十分に機能しているとはいいがたい。

　21世紀も20年を迎えた現在、「妊娠～出産～育児」と仕事を両立しながら働く女性は確実に増えているし、この流れは今後も止まることはないだろうが、今なお、涙をのんで職場を去る女性もまた少なくないというのが現実である。

■まずは産休から

　ではまず、「妊娠～出産～育児」をめぐる法制度で「中心」となる産前産後休業（産休）から見てみよう。産休は労基法で、対象は「女性」労働者に限定されている。労基法65条には、産前休業は女性労働者の請求により、出産予定日の６週間（42日）前から（双子以上は14週間（98日）前から）取得することができると定められている。産前休業は、女性労働者が取得しないと選択したとき

には取得しなくてもよい。あくまで女性労働者の意思に任されている。

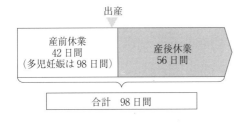

他方、産後休業は、労働者がいくら働きたいと希望したとしても、事業主は出産の翌日から8週間（56日）は必ず女性労働者を休ませなければならない。ただこの場合も、産後6週間を経過し、本人の希望と医師の許可の両方があれば就業が可能である（上図参照）。

■次に育休について

育児休業制度（育休）は、原則として1歳に満たない子を養育する「男女」労働者が、最長で子が1歳（例外的に2歳）になるまで仕事を休める制度で、根拠法は育介法である。育休は、仕事を休むことそのものと、休んでいる間の所得保障（育児休業給付金制度）、という2つの目的から成り立っている。

さすがに最近は「育休は女性しかとれない」と勘違いする人も減っただろう…と思いたい。他方、先述した産休は女性労働者のみ対象なので、男性労働者は子が産まれた日からしか仕事を休むことができない。そんな中、2020年7月26日の読売新聞（オンライン版）で、"「妻の出産直後」対象に…夫の産休創設へ、育休より給付金手厚く"という見出しの報道が出た。記事を見ると、政府は男性の育児参加を促すため、現在女性のみ取得可能な産休制度の父親版ともいえる新たな制度の設計に今秋から着手する、とある。とはいえ、女性と全く同じ内容ではなく、あくまでも「産後のみ」を想定しているという。現段階では政府の本気度が計り知れないが、今後の動向には要チェックだろう。

なお、期間の定めのある労働者（有期雇用労働者）の場合は、①同一の事業主に引き続き1年以上雇用されていること、②子が1歳6カ月に達する日までに、労働契約（更新される場合には、更新後の契約）の期間が満了することが明らかでないこと、の2つが要件となる。

育休中、会社からの給料は出ないが、雇用保険から給付金（育児休業給付金）が支払われる。180日間は休業前の給料の67％、それ以降は50％支給される。これを聞くと、「エッ！　ずいぶん減っちゃうんだ。大丈夫かな？」と不安に

思うかもしれないが、休業中は社会保険料（厚生年金・医療保険）の免除があり、また所得がなくなることで所得税もかからなくなるため、実際には、手取りと比較しておよそ80％くらいの支給があると考えてよい（住民税は免除されないが、自治体によっては減免措置がある場合もある）。

　また、父親と母親が両方育休を取得する場合、子が1歳2カ月になるまで延長することができる。これを「パパママ育休プラス」制度という（下図参照）。これは、「育児をしない男性はイクジなし」だから（？）かはさておき、実際、特に父親の育休取得を促進するという目的で2009年に作られた制度である。なおこの制度、育休取得可能な時期は延びるが、取得できる期間は変わらない（最長1年）。ちょっとわかりにくいが、下図のように、父親と母親で時期をずらして取得する際に有効といえるだろう。

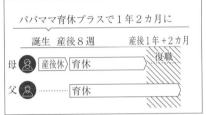

■産休と出勤率との関係は

　なお、産休や育休の期間は、年次有給休暇の発生要件とされる出勤率（所定労働日数の8割以上の出勤）の算出に際して「出勤日」とされる（労基法39条）。これに関するとても有名な代々木ゼミナール（東朋学園）事件（最判2003.12.4）を紹介しよう。本件は、産休と育休（正確には、育介法に基づく時間短縮）を取得した職員に対し、その期間を欠勤扱いにしたため、「90％以上の出勤率」という社内のボーナス支給基準を下回ったとして、2回分のボーナスがゼロになってしまったことが問題となったものである。

　「90％以上出勤しないとボーナスゼロ」なんて言われたら、労働者も「じゃあ産休取るのやめとこっかな」となっちゃいそうだ。でもそれだと、せっかく法律で産休・育休を権利として認めているのに、意味がなくなってしまう。そこで最高裁は、こんな基準は労働者が権利を行使しようとする気持ちを抑止す

るもので、法律が権利を保障した趣旨を実質的に失わせてしまうものだから、ボーナスゼロは「公序良俗に反して無効」との判決を下した。

　さて、ここで出てきた「公序良俗」。普段の会話で出てくることはほとんどないけど、どういう意味？　この言葉、実は労働法ではなく、「民法」で登場する（90条）。民法90条には、「公の秩序又は善良の風俗に反する事項を目的とする法律行為は、無効とする」と定めてあり、これを縮めて「公序良俗」となる。

　「公の秩序」とは国家的な社会に対する秩序、「善良の風俗」とは一般的な常識や道徳の観念を指す。つまり、法律に規定されていなくても、公序良俗に反する行為は社会的に非難の対象であり、民法の規定によって民事裁判の対象となり得るということである。本件も、産休の取得等を実質的に阻むような会社の基準は公序良俗違反との結論を下していることから、労働者が不利益を受けずに安心して産休等をとれることがいかに大切であるか、伝わってくるのではないだろうか。

■育休をめぐる判例

　育休をめぐる判例は徐々に増えているが、ここでは、３カ月間の育休を取得した男性看護師に翌年度の職能給の昇給を行わなかったことが、育介法10条が禁止する育休の取得などを理由とする不利益取扱いに当たり、公序良俗（また出た！）違反で無効と結論付けた医療法人稲門会（いわくら病院）事件（大阪高判2016.7.18）を挙げておこう。育休をめぐり男性が原告となる例はまだまだ少ないが、今後増えてくる可能性は高いだろう。

　本来なら、「マタハラ」などという行為が許される余地はないはずだ。まずは絵に描いた餅にならないように、今保障されている権利をしっかりと理解しておこう。

（２）家族には、何かとトラブルも——配転をめぐる問題とワーク・ライフ・バランス

■いきなりの単身赴任！　配置転換（配転）と「家庭の事情」

　正社員の場合、「来月から営業○課に異動を命じる」といった感じで、勤務

地や勤務部署が変わることも珍しくない（人事異動）。その中でも、同一企業内で、ある程度長期間にわたって勤務部署や勤務地が変わるタイプのものは、「配置転換（配転）」と呼ばれている（なお、他企業で働くタイプのものは、出向や転籍などと呼ばれる）。

　日本では、掃いて（ハイテン？）捨てるほどよく見られる配転。大事な部署に優秀な人を送り込む、といった前向きな場合もあれば、「こいつ使えねー」ということでたらい回し的になされる後ろ向きな場合もあるが、どっちにしろこれが勤務地そのものの変更を伴う（いわゆる転勤）となると、労働者にとっては大ごとだ。最近は夫婦共働きが多いが、夫婦の片方が遠いところに転勤、とでもなれば一大事。小さな子どもを保育所に預けていたり、要介護の親を抱えていたりすればなおさらである。そんな事情があっても、使用者から配転を命令されたら、労働者は従うしかないのだろうか？

■どうして配転命令できる？　命令されたら従うしかない？

　そもそも、使用者は何を根拠に配転を命令できるんだろうか。労働法の中に「使用者は、こういう場合に配転できる」といった条文はない。しかし多くの場合、就業規則に「配転を命じることがある」といった規定が置かれていて、使用者はそれを根拠に労働者に配転を命じている。また、「全国転勤あり」ということを採用試験の時に説明されていることも多いだろう。法律上も、就業規則の規定が合理的なもので、かつ周知されている場合は、それが労働契約の内容になる（労契法7条）とされている（ただ、後述する判例は、配転命令権の根拠として、就業規則等に配転条項があったということだけでなく、勤務地を限定する合意がなかったこと、実際に転勤する人が多かったことも挙げている）。なお、労働者が勤務地限定で採用されているような場合には、改めて労働者の同意を得ない限り、配転を命じることはできない。

　話は戻るが、じゃあ就業規則に配転の規定があり、勤務地限定の合意もしていなかったら、どんな配転命令でも従うしかないのだろうか。それもなんだか労働者にはキビシイ。そこで判例（＊1）は、①業務上、配転の必要性がない場合、②配転が不当な動機・目的でなされた場合、③配転が労働者にとって「通常甘受すべき程度を著しく超える不利益を超える不利益」の場合には、配転命

令は権利濫用として許されない、としている。

　この中で特にわかりにくいのが「通常甘受すべき程度を著しく超える不利益」ってやつだ。いうなら「さすがにひどすぎるレベルの不利益」といった感じだろうか。具体的には、上の判例では、共働きの男性労働者（老親と２歳の子がいた）に出された、大阪から広島（のち名古屋）への転勤命令が、通常甘受すべき程度の不利益だとして、権利濫用には当たらない、とされている。

　じゃあどういう場合なら「通常甘受すべき程度」を超えた不利益になるのか。「通常甘受すべき程度」を超えた不利益、と認められたケースは、長女が躁うつ病、次女が脳炎後遺症で精神遅滞、両親が体調不良で家業の面倒を見る必要があったというもの（＊２）であり、そんな人への配転は「さすがにひどすぎるでしょ」というわけだ。逆に言うと、小さな子がいるとか、保育所に送るのが大変といった程度は、そのくらい我慢すべきでしょ、というのが判例の流れなのだ。

　「えー、なんか冷たいなあ」と思う人もいるだろう。実際、学説からはそのような批判が強い。ただ2001年に、育介法が改正されて、26条（育児や介護を抱える労働者への転勤命令については、使用者は配慮しなさい、というもの）が新たに設けられてからは、この条文に言及しながら、配転を権利濫用とする裁判例も少しずつ登場してはいる（＊３）。また、2007年に成立した労契法で、使用者は「仕事と生活の調和」に配慮しなければならない、といった規定が置かれた（３条３項）ことで、この条文を参照しながら、家族介護等をしていた女性労働者に対しての、遠隔地への転勤内示を権利濫用としたものもある（＊４）。このあたりは社会の変化もあって、家庭責任を負っている労働者に対しては少しずつ変わってきているといえるだろう（が、じゃあ独身者は自由に配転してもいいのかという問題もあり、難しいところだ）。

■「仕事と家庭生活の両立」から「ワーク・ライフ・バランス（WLB）」へ
　かつては、「女性が育児や介護などの家庭責任を負うのは当然」という性別役割分業が広く見られた（今も？）が、女性の社会進出が進んだ1970年代あたりから「女性が、仕事と家庭生活を両立できるようにすべき」といった考え方が少しずつ出てくる。

家庭生活と仕事の両立のためには、育児・介護休業制度の整備・拡充や、上で見たような、「単身赴任は通常甘受すべき程度の不利益だ」といった考えからの脱却も重要だが、それ以前に、そもそも「長時間の労働は当たり前」といった働き方を見直していかなければ、とても女性が子どもを育てながら仕事するなんて無理だろう。さらにいうなら、そもそも誰にとっても、働きすぎて私生活がおろそかになる、というようなことはおかしいはずだ。こういった観点から、2000年前後あたりから、男性も含めた「仕事と生活の調和（ワーク・ライフ・バランス、以下 WLB）という考えが登場してくる。2007年には内閣府が「仕事と生活の調和（WLB）憲章」を打ち出し、さらに同年に成立した労契法には「仕事と生活の調和」に関する規定が置かれた（3条3項）。

　こうしてすっかり流行語になった感のある WLB だが、ちょっと注意したいのは、WLB は、単に「家庭責任を負っている女性が、仕事も家庭も両立できるように」という話ではなく、すべての労働者についての家庭生活（私生活）の充実、職場・家庭における男女平等、長時間労働の是正や配転時の配慮などを目指そうとしている、ということだ。これらの問題自体は、実はもっと前から言われていたような話ではあるのだが、改めてそれを「生活（ライフ）」という観点から考えよう、という所が、WLB という考えの特徴だといえる。

　もっともわが国では、WLB の政策が主に「少子化対策」という観点から進められてきた経緯もあり（サイドストーリー8参照）、「育休取りやすくしろとか、もっと男も子育てに参加しろ、みたいな話でしょ」というイメージが強い。もちろん、子育て中の労働者（特に女性）の負担が大きいのは事実だから、育休を取りやすくしたり男性の子育て参加をサポートしていこうという自体は大事だが、ただ、WLB 憲章も労契法も、子育て中の女性だけについて WLB の実現を求めているわけではない。いくら独身だからといっても、私生活が軽視されていいわけでも、好き勝手配転させられてもいいわけではないはずだ。

　ちなみに、WLB を推奨する人の中には「短時間の仕事でも、家庭と両立すべき」という意見をいう人もいる。まあ、本人がそれを心から望んでいるというならそれはアリかもしれないが、本人が満足できないような内容や給与水準の仕事でも、家庭と両立できりゃいいでしょ、というのもちょっと変な気もする。その点で、近年 ILO が提唱している「ディーセント・ワーク（働きがいの

ある人間らしい仕事)」という観点は、WLB を考えるうえで、もっと注目されていいはずだし、労基法1条の、「人たるに値する生活」の実現、という観点にもマッチしているようにも思えるが、どうだろう。

（**参考裁判例**）　＊1…東亜ペイント事件・最判1986.7.14
　　　　　　　　＊2…北海道コカ・コーラボトリング事件・札幌地決1997.7.23
　　　　　　　　＊3…明治図書出版事件・東京地決2002.2.27
　　　　　　　　＊4…一般財団法人あんしん財団事件・東京地判2018.2.26（ただし
　　　　　　　　　　控訴審（東京高判2019.3.14）では、結論的には女性労働者の
　　　　　　　　　　慰謝料請求は棄却された）

サイドストーリー8　少子化対策とワーク・ライフ・バランス（WLB）

　WLB の議論が、もともと女性への両立支援からスタートしたことは本文でも触れたが、少子化が社会問題化する中で、出生率向上、女性労働力活用という観点が強まってくる。一連の法整備（育介法、男女参画基法、次世代法、女性活躍推進法など）は、職場や家庭での男女平等実現よりも、むしろ少子化対策の観点をかなり色濃く反映しながら進められてきたといえる。本来の WLB は、子育て中の労働者（特に女性）に限定した議論ではないはずだが、そういった経緯もあって、「子育て支援のため」というイメージが強いものとなっている。

　多くの読者は「少子化対策でなんかいけないの？」と思うだろう。もちろん、少子化対策自体は大事なのだが、ただ、少子化対策の「手段」として WLB を位置付けてしまうと、少子化に直接貢献しない人（独身者など）の WLB がおざなりにされたり、望まない人まで「子どもを産んで、かつ、外で働く（輝く？）こと」が求められかねない。また、女性への家庭責任の集中は当然是正されるべきだが、それは「少子化対策に効果がある」からなされるべきものではない（効果がなかったら是正しなくてもいいの？　ということだ）。また、性別役割分業自体は、「人がどのような生き方を追求するかは個人の自由だ（憲法13条）」という観点から確かに問題といえるが、だからといって WLB によって「男も女も、仕事と家庭は 5：5」という生き方がベスト！と決められてしまうのだとしたら、それも何だかちょっとキューークツな気もする（かも）。

　昨今は男性の育休取得率上昇がよくいわれる。まずは取得率を上げなきゃ始まらない！　というのもごもっともだが、数字面ばかりで「なぜそれが大切・必要なのか」が疎かになった議論では、「育休とって遊んでばっかり！　なら働いてくれてたほうがマシ！」という状況もなかなか改善しないんじゃ…などとも思ったりする（このあたりは賛否両論ありそうだが）。

　ただいずれにせよ、少子化や非婚化がここまで進んだ背景には、1990年代以降の、労働力の非正規化や正社員の賃金低下などによる雇用不安の高まりも大きいはずだ。にもかかわらず、そういった点はスルーしたまま、「子どもを産めよ、増やせよ、働けよ」といわんばかりに WLB を賛美し強調する風潮には、どうも違和感が残る。少なくとも、なぜ WLB なのか、そして WLB によって何を目指そうとするのかといった根本的なところから、私たち一人ひとりが真剣に向き合って考えるべきではないだろうか。

あんかちゃん　6分前

中国には育児休業がないのですが、日本はあるのでいいですね。夫も忙しいけど、将来子供が生まれたら育児休業を取りたいと言ってました。

さくらもち　5分前

へえｗなんとなくだけど、あんかちゃんのダンナはめっちゃ頑張ってくれそうだな。うらやましいなｗ

かっけ　4分前

僕は共働きよりは、自分がしっかり稼ぐから、奥さんには家庭に入ってもらって、家族を支えてほしいって思うなｗ

ナナリー　4分前

ちょｗかっけって何歳？ほんとは昭和生まれとかｗ

かっけ　3分前

そんなに変か？ｗナナリーだって、大金持ちと結婚したら就職しなくてすむとか、ほんとは思ってんじゃねーの？ｗ

サイカク　1分前

オー、そんなかっけは、３年２ヶ月の過酷な単身赴任になって、涙涙の物語がお似合いだね、ハハンッ

ゆうきゃん　0分前

それまさか、ユニコーンの「大迷惑」？そんな古い曲、みんな知らないってｗてかサイカクこそ、いつの生まれだよｗ

さらに考えてみようー私たちの周りの『リアル』ー

子どもを保育園に送り迎えしているんだけど、仕事が忙しいといって夫が迎えに行ってくれ ない。同僚も迷惑そうな顔を露骨にするから、毎日会社を出るのが辛い。
これって仕方ないのかな…。

7章

職場でのサベツやイジメとどう戦う？

某大学の医学部入試で、女性受験者のみ減点されていたことが明るみに。かつて医学部受験に失敗したあんかちゃんもカンカンだ。

あんかちゃん 31分前
日本はまだまだ女性差別が根強いんですね。

かっけ 30分前
でも最近の公務員試験とかは、女性の方が有利らしいよ

ゆうきゃん 28分前
有利かはわからないけど、女性活躍推進のために女性を優遇しようって話は時々あるよね

かっけ 27分前
女性活躍はいいと思う。でも僕らの世代が女性差別したわけじゃないし。なんかモヤモヤするんだよな

ナナリー 25分前
確かに女だからってよりは、障害のほうが差別って感じることが多いかも。タクシー乗車拒否とか

さくらもち 24分前
でも地方だと、女だから大学いかなくていいって話も結構あるよ

サイカク 23分前
ゲイだとばらされて辞めた同僚がいました。これも差別ですよね

かっけ 21分前
難しいな。そういや来週のイベント、新規ユーザーだけにアイテム配布らしいじゃん。これは絶対差別だよね？

世の中こうしてみると差別だらけ？それとも、差別じゃないものもあるのかな？
ここでは、差別や平等、またそれと密接な人格やハラスメントの問題を見ていこう。▼

（1）職場には、いろんなサベツが潜んでる？──平等・人格権とは

■差別はなぜ禁止されるの？

　たとえば、初任給が同期よりも1000円安いことを知ったらどうだろう。たかが1000円違いだと笑い飛ばせる？　同期より1000円生活費が少なくなるなあと思う？　いや、なんで少ないんだよ！　と怒りがわいてくるのが普通だろう。生活に困ることもあるが、要は働く人の誇り、人格を傷つける！　からこそ、差別は禁止されねばならないのだ。なお、差別がすべて違法（絶対的差別禁止）ではなく、合理的理由を欠く差別のみが禁止される（相対的差別禁止）ことに注意しよう。

■差別禁止に関するルール

　「法の下（もと）の平等」を定める憲法14条には、「すべて国民は人種、性別、信条、社会的身分、門地を理由として政治的、経済的、社会的関係において差別されない」と書いてある。「国民」と書いてあるから、日本在住の外国人に適用がないようにも考えられるが、最高裁は権利の性質により判断されるべきとしている（＊1）。また在留外国人の増加は、外国人同士の平等はどうなるかとの問題を生じさせよう。

　さらに、憲法14条のような自由権については、基本的に国家（国や地方公共団体）が差別をしていけないことを意味するから、私企業が差別をしても当然に憲法違反となるものではない（前掲・三菱樹脂事件最高裁判決参照）。私企業における差別については、法律行為については公序違反（民法90条）、事実行為については不法行為（同709条）といった民法の規定を媒介にして憲法の人権規定が間接的に適用される（間接的適用説）。

　憲法14条を受けて、労基法は、国籍、信条、社会的身分を理由とする賃金、労働時間その他の労働条件の差別を禁止している（3条）ほか、女性に対する賃金差別を禁止している（4条）。また、均等法は、「性別」を理由とする賃金以外の労働条件（配置、昇進、教育訓練、福利厚生、解雇、定年等）差別を禁止している（6条）から、男性に対する差別も禁止されている。

■直接差別と間接差別

　以上のように、性、国籍等を理由とする差別は「直接差別」と呼ばれ、差別を主張する者が、自分が労働条件等に不利益を受けていることと、その理由が性や人種にあることを証明しなければならない。しかし、この証明はなかなか困難である。そこで登場してきたのが「間接差別」という概念だ。たとえば、「身長が170センチ以上」等の募集採用基準のように、それ自体女性に対する直接差別とはいえないが、その基準等を適用すると、女性に大きな不利益をもたらす（実際には、多くの女性が雇われなくなってしまう）効果を有するもので、使用者がその基準の合理性（たとえばスーパーモデル（スーパーのモデルではない）のように、職業上高身長であることが不可欠であること）を証明できなければ、間接差別が成立する、というものだ。わが国では、均等法に初めて規定された（7条）が、募集採用における身長体重・全国転勤基準と、昇進における転勤経験の3つのみに限定している（均等則2条）という、世界でも類のない規定となっている。もっとも、この3つに該当しない事案でも、間接差別に該当する場合には、公序違反（民法90条）の評価を受けることになるだろう。

■差別禁止の広がり

　従来の差別禁止事由としては、国籍（人種）、性、信条、社会的身分（以上、労基法）が規定されてきたが、現在では、障害（障害者雇用促進法34条、35条）、年齢（労働施策総合推進法9条）が新たな差別類型として、法律に明文化されている。本来、差別禁止とは「等しいものを等しく取扱う」ことを意味するが、就労が困難な障害者でも、企業施設のバリアフリー化や労働時間の短縮等の配慮がなされれば働ける、という場合もあるだろう。これは「合理的配慮」と呼ばれるもので、2006年採択の国連障害者権利条約や欧州諸国では、過重なコストとならない限り、合理的配慮を拒否すること自体が差別に該当するとされているのが注目される。

　次に、裁判例では、性同一性障害（WHOの精神障害の分類から除外されたこともあり、性自認とすべきである）を理由とする解雇、女性トイレの利用制限、あるいはタクシー運転手に対する、化粧を理由とする乗務禁止が違法とされるなど、LGBTの事案も増加している（＊2）。

このほか、性差別のような「人に対する差別」とは区別される「仕事に対する差別」である雇用形態差別については、「契約の自由」が一定程度機能する点で異なる。たとえば、初任給の男女格差については、たとえ女性が同意しても無効であるのに対し、最賃法や労基法等の法令に違反しない限り、パートの時給を正社員より低くすること自体は、当然には違法ではない。もっとも、短時間労働者、有期契約労働者および派遣労働者と通常の労働者（正社員）との間における基本給、賞与その他の待遇について、職務内容（業務内容と責任）や配置、あるいはその変更等を基準として、差別禁止や不合理禁止の規定が設けられている（差別禁止については、パート・有期法9条、派遣法30条の3第2項。不合理禁止については、パート・有期法8条、派遣法30条の3第1項）。労契法旧20条の事案であるが、最高裁は、扶養手当あるいは夏期冬期休暇手当等の相違を不合理とする（＊3）一方で、賞与あるいは退職金の不支給が不合理な処遇ではない、と判断した（＊4）。しかし、正社員には賞与・退職金を支給しながら、アルバイト等には全く支給しないということはやっぱり不合理ではないだろうか（68頁以下、116頁以下も参照）。

■労働者の「人格権」も大切！

　上述してきた差別も労働者の人格権を侵害するものである。たとえば違法な賃金差別は、労働者の経済的人格権侵害という側面も有するであろうし、後述するハラスメントも人格権侵害をもたらすものであり、さらに過労死や過労自殺は生命・身体・健康等に関する人格権侵害でもある。

　また最近では、プライバシーの権利も重要である。これは、本来「見るな、覗くな、書くな（撮るな）！」という私生活への侵入禁止！　を意味するものであったが、現在の高度情報化社会においては、個人の医療情報、それも秘匿に値する医療情報が無断で収集されるケースが続出している。しかし、IT社会においては、我々が知らない間に個人情報が集積され（コンピュータの不可視性）、それが個人の社会的評価を決定している時代であり、労働者の職場における個人情報コントロール権の検討も不可欠となっている。ドイツでは、一定期間経過した懲戒処分等の個人情報の削除請求権（忘れられる権利）が認められている。

（参考裁判例）＊１…マクリーン事件・最判1978.10.4
＊２…性同一性障害者解雇事件・東京地判2002.6.20、経済産業省事件・東京地判2019.12.12、淀川タクシー事件・大阪地決2020.7.20
＊３…日本郵便（東京）事件・最判2020.10.15、日本郵便（佐賀）事件・最判2020.10.15
＊４…大阪医科薬科大学事件・最判2020.10.13、メトロコマース事件・最判2020.10.13

（２）オトナの世界でも深刻だ──いろいろなハラスメント

■職場の人間関係は、最も重要な労働条件？

　職場では、多種多様なハラスメントが問題となっている。2018年度に東京都に寄せられた労働相談のうち、「職場の嫌がらせ」に関するものは9631項目あり、「退職」や「賃金不払い」をおさえて最大となっている。今や、「職場の人間関係は最大の労働条件」とさえいわれる状況だ。

　社会での「いじめ」や「嫌がらせ」は誰にとっても嫌なものだが、職場の中でハラスメントは、一般的な関係よりも被害が大きくなりやすい。労働者にとって仕事は生活の糧を稼ぐための場であり、嫌なことがあっても簡単に辞めることができない。そのため、ハラスメントが発生していても、被害者は逃れることが難しく、被害が拡大してしまいがちなのだ。

　また、職場のハラスメントにおいては、多くの場合、「上司と部下」、「先輩と後輩」、「顧客とサービス提供者」など、職場の権力関係がかかわっていることも、被害を拡大させている。実際に、ハラスメント行為は派遣など弱い立場に対して行われることが多く、取引先が有利な立場を利用しているケースが多々見られる。たとえば、派遣労働者（女性が多い）は、派遣先の判断で派遣契約を解約されてしまうことが少なくないこともあって、派遣先の上司から「契約を続けてほしかったら性的関係を持ってほしい」と迫られることなどが、社会問題となった。あるいは、取引先の担当者からしつこく交際を迫られているが、断ると取引が成立しないため我慢しているといったケースも珍しくはない。

　いずれのハラスメントの場合にも、閉鎖的な職場関係の中で発生するためハ

ラスメントの事実を証明することが困難である。当該行為についてのメール、録音、被害者による詳細なメモなどの記録がハラスメントの証明にとって重要な意味を持っている。

■セクシャルハラスメント（セクハラ）

①何がハラスメントに当たるのか？

セクシャルハラスメント（セクハラ）とは、相手方の意に反する性的言動のことを指す。明確な法律上の定義はないが、後述するように、均等法で規制の対象となる類型が示されている。しかし、人間同士の関係で、「嫌なこと」といっても、感じ方は多様だし、あまりにも幅広いことが問題となりえてしまう。「セクハラだ」と言われても、指摘された側にそのつもりがない場合も多いだろう。

昔の職場は男性ばかりで、現在では「それはセクハラです！」と訴えられてしまうようなことも、平然と行われていた。「交際相手はいるのか」「なぜ結婚しないのか」などと個人的なことをしつこく聞かれたり、「いつまでも結婚しないのは〜〜だからだ」と公然と罵られるといったことも珍しくはなかった。これは、パワーハラスメントにも共通しているが、「嫌だと感じること」について、どこまで法的に許容されるのかは、時代とともに変わってきた。さまざまな訴えが起こされ裁判が行われる中で、「許されない言動」が明確にされ、拡大してきたのである。

②セクハラの類型と事業主の義務

先ほども述べたように、何がセクハラの「言動」に当たるのかは、現在では、均等法の指針に類型が示されている。それによれば、「性的な言動」とは、性的な内容の発言および性的な行動を指し、発言には性的な事実関係を尋ねることや、性的な内容の情報を意図的に流布することなどが含まれる。一方、「性的な行動」には、性的な関係を強要すること、必要なく身体に触ること、わいせつな図画を配布することなどが含まれる。

また、セクハラには「対価型セクシャルハラスメント」と「環境型セクシャルハラスメント」の2類型があるとされている。「対価型セクシャルハラスメント」とは、加害者の性に関する要求を労働者が拒んだり、その要求を批判したり会社に対応を求めたことに対し、当該労働者が解雇、降格、減給等の不利

益を受けるといった場合が該当する。一方、「環境型セクシャルハラスメント」とは、性的言動によって正常な業務に支障をきたすような職場環境に陥る場合を指している。たとえば、事務所内にヌードポスターを掲示しているため、当該労働者が苦痛に感じて業務に専念できないことなどが挙げられている。なお、現在では男性から女性に対するのみならず、女性から男性や同性間でもセクハラは生じると理解されている。

　均等法では、セクハラをこのように類型化したうえで、これらの対策のために事業主はセクハラに対する方針を明確にし、その周知・啓発を行わなければならないほか、相談窓口の設置や相談対応の制度などを整備し、セクハラが起きてしまった場合迅速に対応し、再発防止に向けた措置をとらなければならないことを、事業主に求めている。

③セクシャルハラスメントに対する訴訟

　セクハラに対して被害者は、加害行為者および加害者を雇用している企業の責任を問うことができる。まず、直接の加害者に関しては、行為の内容によっては刑法上の犯罪に該当する。たとえば、身体的接触については強制わいせつ（刑法176条）の罪に問われる場合もある。また、私法上は加害者に対し、人格権侵害を内容とした不法行為（民法709条）に基づく損害賠償を請求することができる。

　被害者は加害者を雇用する企業に対しては、使用者責任（民法715条）を問うことができる。使用者責任は、被用者が行ったハラスメント行為について、「働きやすい良好な職場環境を保持すべき注意義務」を怠ったものとして成立する（＊1）。さらに、使用者は労働者に対して職場環境配慮義務を、労働契約上の付随義務として有していると考えられ、これに対する債務不履行責任（民法415条）を認める裁判例も存在する（＊2）。

■パワーハラスメント（パワハラ）

①何がパワハラに当たる？

　セクハラと同様に、パワーハラスメント（パワハラ）の定義も非常に難しい。これも、人それぞれの感じ方が異なる部分が大きいからだ。2019年に成立し、2020年から施行された改正労働施策総合推進法（パワハラ防止法）では、パワハ

ラが定義され、初めて事業主の防止措置が義務付けられた。同法の指針では、パワハラを次の3点から定義している。①優越的な関係を背景とした言動であって、②業務上必要かつ相当な範囲を超えたものにより、③労働者の就業環境が害されるものであり、①～③までの要素をすべて満たすもの。

　そして、セクハラの場合と同様に、事業主が講ずべき措置義務も規定されている。事業主は、被害を受けた労働者からの相談に応じ、適切に対応するために必要な体制の整備やその他の必要な措置を講じることを義務付けられたほか、相談をした労働者や対応に協力した労働者に対し不利益な取り扱いをしてはならないことなどが定められている。

　ただし、同法で定義されたパワハラの範囲はあまりにも狭いと批判されている。たとえば、②「業務上必要かつ相当な範囲を超えたもの」に関しては、厚労省の指針では「労働者の問題行動の有無や内容」等を考慮し該当適否を判断するとしているが、労働者の行動に問題があったからといって、暴行や人格を否定する言葉はそもそも許されないはずだ。

②パワハラ防止法と裁判例は異なる

　パワハラの被害者はセクハラの場合と同様に、会社および企業に対し不法行為責任（民法709条）による損害賠償や、企業に対する債務不履行（民法415条）を請求することができる。実は、これらの民事上の権利はパワハラ防止法の定義とは、直接関係がない。そのため、パワハラ防止法の指針でのパワハラの定義には直接当てはまらなくても、裁判で、不法行為や債務不履行責任が認められることも、可能性としてはあるのだ。なお、パワハラの被害者がメンタルを病んだような場合には、労災保険法による保障を受けることができる場合もある。

　(参考裁判例)　＊1…福岡セクハラ事件・福岡地判1992.4.16
　　　　　　　　　＊2…京都セクハラ事件・京都地判1997.4.17

サイドストーリー9　新しいハラスメント

　セクシャルハラスメントに加え、パワーハラスメント（パワハラ）や妊婦や出産に対する嫌がらせ行為であるマタニティーハラスメント（マタハラ）、セクシャルマイノリティーに対するSOGIハラ（性的志向・性自認に関するハラスメントであり、主としてL＝レズビアン、G＝ゲイ、B＝バイセクシュアル、T＝トランスジェンダーに対して行われている）など、さまざまなハラスメントが新たに問題とされている。

これらに対する裁判例や法規制は、以前はあまり見られなかったが、近年の新しい裁判例の登場などによって今日では、労働法の一部となっている。ハラスメントを「嫌だ」という声が、ハラスメントに対する法規制を生み出してきたのである。

　社会的な批判の高まりを受けて、マタニティーハラスメントについては、2016年には均等法の中に同ハラスメントに対する事業主の措置義務が定められた。また、SOGIハラについては、一橋大学のロースクールの学生が性的志向を打ち明けた友人からクラス全体に勝手に暴露される「アウティング」により自殺した事件を契機として社会的関心が高まっている。職場においては特に、外見と性別（生物学的な性）が異なるトランスジェンダーに対するハラスメントが表面化しやすい。たとえば、性自認が女性でも、戸籍上の名前が「太郎」などの男性名であればすぐにトランスジェンダーであることが分かってしまうからだ。2002年には、トランスジェンダーであること等を理由とした解雇が無効とされる裁判例も出されている（S社事件・東京地判2002.6.20）。

　このように、今後も誰かが嫌だと感じる言動が、現在は問題とされていなくとも、新たな裁判例や立法によって、「許されない言動」に加わっていく可能性も十分にある。ハラスメント問題においては、嫌だと感じることに我慢せず、争っていくことで法律も進歩していくという認識が重要だ。

　一方で、最近ではパワーハラスメントを労務管理の戦略に組み込む企業が現れている。会社ぐるみで辞めさせるために社員をいじめたり、度重なる叱責で精神障害をあえて引き起こし、残業代の不払いや長時間労働を受け入れさせる企業が後を絶たない。それらの企業は「ブラック企業」と呼ばれている。これらの「戦略的パワーハラスメント」と呼ぶべき行為については、企業側が故意に労働者に損害を与えていることを証明することが困難であり、泣き寝入りしている労働者も少なくない。パワーハラスメントの被害にあった場合には、メモや録音など被害について詳細な記録を取ることが何よりも大切だ。

あんかちゃん 5分前

パワハラの法律ができて、これで日本でもパワハラが減るでしょうか。

ゆうきゃん 4分前

うーん、すぐに効果が出るかはわからないけど
会社としても取り組まないといけなくはなったから、少しは減ってくると思いたいね

サイカク 3分前

イギリスでは２０年も前にハラスメント禁止法ができてマスw
日本は遅れています

かっけ 2分前

でもバイト先でも、なんか注意されるとすぐ「パワハラだ」って騒ぐおっさんいて。微妙なんだよなあ

ゆうきゃん 2分前

日本でなかなか法律ができなかったのは、そういったこともあるかもしれないな

さくらもち 0分前

わかるw本社から来た新入社員、私が仕事教えてるんだけど、遅刻が多くて注意したら「パワハラされた」って言って休んじゃって。超困ってる

さらに考えてみよう ー私たちの周りの『リアル』ー

「当店は女性スタッフのみです。安心してお越しください」と前面に出してオープンした駅前の美容院が人気らしい。お客さんも女性限定だし、異性に肌を触られたくないっていうニーズも多いから「女性限定」でスタッフを募集しても問題ないと思うんだけど…。法律的にはまずいのかな？

8 章

立場はそれぞれ違うけど…

#チャットルーム　さくらもちのコンビニに新入社員が研修で配属された。教育係となった彼女だが、パートの自分にはボーナスはないのに、新入社員はボーナスもあることにちょっと不満だ。

 ナナリー　　　　　　　　　　　58分前
お父さんも、定年になって再雇用の嘱託なんだけど、仕事は同じなのに給料半分なったって

 サイカク　　　　　　　　　　　54分前
イギリスでは、時間に比例して同じ給料がもらえます
仕事が一緒なのに給料低いって、イギリスではアリエマセンw

 ゆうきゃん　　　　　　　　　　52分前
いちおう日本でも、非正規への差別を禁止する法律ができたんだけどね

 さくらもち　　　　　　　　　　50分前
あ、もしかしてそれで通勤手当出るようになったのかな

 かっけ　　　　　　　　　　　　49分前
パートやってる母親も、ボーナスが少し出るようになったって

 ゆうきゃん 49分前
よかったじゃん

 かっけ　　　　　　　　　48分前
でも、そうしたらその分、
毎月の給料が下がったってｗｗ
修羅みあるわー

非正規と一口にいってもいろんなタイプがあるようだが、待遇や雇用をめぐる問題は深刻だ。ここではそんな問題を見ていこう。▼

（1）雇われて働くにも、いろんなカタチがある──多様な雇用形態

■いろいろな働き方──非正規雇用労働者とは

　労働者のうち、約4割が非正規雇用労働者（以下、非正規雇用）だという話を聞いたことはないだろうか。厚生労働省の調査では、2019年時点で38.3％（約2165万人）が非正規雇用。これは1989年の19.1％（約817万人）と比べるとほぼ倍の比率だ。

　非正規雇用には法的な定義はないのだが、一般には<u>正社員以外の労働者全般</u>（アルバイト、パート、派遣、契約社員、嘱託社員など）を指すことが多い。最近は翔くん（かっけ）のように、単発の仕事を請け負うという働き方（フリーランス、ギグエコノミーなど）も増えており、このあたりまで非正規雇用に含まれるのかはやや微妙（そもそも労働者なのかさえ微妙）だが、少なくともこのように働き方（雇用形態）が広がっていることはまぎれもない事実だろう。

　ただ、そもそも「正社員」という用語自体も法律には直接出てこない（短時間・有期法などには「通常の労働者」というのが出てくるが）。よくいわれるのは、下記の①〜③の要件（下表参照）をすべて満たす労働者が正社員だ、という説明。裏を返せば非正規雇用とは、これらのうちどれか1つでも満たさない労働者のことなのだ。

> ①労働契約の期間が定まっていない（無期契約）
> ②1日8時間・1週40時間程度（フルタイム）の勤務
> ③働いている会社に直接雇われている（直接雇用）

　ちなみにイメージとしては、「有期契約＝契約社員」「定年後再雇用＝嘱託社員」「短時間勤務＝パート・アルバイト」「間接雇用＝派遣労働者」という感じだろうか。まあだいたいはそうなのだが、厄介なことに「会社での呼称」と「法的な位置付け」、「統計上の定義」が微妙に一致しないこともある。たとえば、会社でパート・アルバイトと呼ばれている人の多くは有期契約でもある。また、そのような人の中には「勤務時間は正社員と同じ」という人（疑似パート）もいたりする。さらにこの疑似パートは、短時間・有期法2条の「短時間労働者」にはあたらず（この点は後述）、厚労省の統計では（契約社員でもパートタイム労働

者でもなく)「その他」とされていたりする。ややこしいが、このあたりも日本の非正規雇用の法的問題をさらに複雑にしている原因の1つだろう。

■非正規雇用って、結局何が問題なの？

　親から「正社員で就職しなさい！」なんて説教されたことのある読者もいるかもしれない。では、非正規雇用だと何がそんなにまずいのだろうか。

　1つは、正社員に比べて賃金など労働条件が低いことだ。もちろん非正規の中にも正社員以上の高収入の契約社員などはいるだろうが、厚労省の「令和元年賃金構造基本統計調査」を見ると、正社員・正職員の年収平均は325万4000円なのに対し、非正規雇用は211万3000円。総じて労働時間が正社員より短いこともあるが、それを差し引いてもかなり賃金が安いのが1つの特徴だ。

　もう1つは、正社員に比べて雇用が不安定なこと。上でも少し触れたが、実は非正規雇用の多くは有期契約である。10章（3）で詳しく触れるが、有期契約は契約の期間が終わったら、更新してもらえなければそこで終わり（契約更新を拒絶されることは「雇止め」と呼ばれる）。非正規雇用が有期雇用である場合、特にこういった雇用面の不安定性が常に付きまとうことになる。

　とはいえ非正規雇用には、自分の都合で働きやすいなどの点から、望んで非正規で働く人も多い。その意味では、時間などに融通が利くいろいろな（正社員以外の）働き方そのものにはメリットもあるから、一概に「いけない」とはいいきれない。でも他方で、厚労省の調査では、使用者が非正規雇用を活用する目的は「賃金の節約のため」「仕事の繁閑に対応するため」が多くなっている。嫌な言い方だが、労働条件の低さや雇用の不安定さは、企業が非正規雇用を活用する目的ともそのまま結び付いている、ともいえそうだ。

■どうしてこんなに非正規が増えたのか

　非正規雇用そのものは、業務が多忙な時期の人手不足に対応するための「雇用の調整弁」としてかなり古くから見られ（臨時工、社外工など）、1980年代には、学費の足しや家計補助などの目的で、小売業等での簡単な仕事（レジ打ちなど）に従事する学生アルバイト・主婦パートが登場してくる。

　ただ、本格的に増えてくるのは1990年代のバブル崩壊後。企業は経費削減の

一環として、正社員を削減して非正規雇用を増やし、一家の主な稼ぎ手が非正規雇用、ということが珍しくなくなってくる（この頃から、それまで正社員がやっていたような重要な仕事を、非正規雇用が担うケースが増えている）。その後はこの後見ていくように、非正規雇用保護のための重要な法改正も進められてはきた（2018年スタートの働き方改革でも、「非正規雇用の処遇改善」は大きな柱とされている）が、上で見てきたような問題はまだまだ根深い。

　働き方改革では、「この国から非正規という言葉を一掃する」なんてこともいわれてきたが、むしろ正社員のほうが一掃されるんじゃ？　というくらい進み続ける非正規化（そういえば、「正社員をなくしましょう」などと発言して、ツイッターで炎上していた元大臣もいたが）。そんな非正規にからむイロイロな問題を、ここから見ていこう。

（2）非正規って「正しくない」ってこと？──非正規雇用（パート・有期・派遣）

■労働契約上の非正規雇用の3つの要素

　非正規雇用の具体的な労働契約の「中身」について考えていこう。労働契約上は、典型とされる正社員と何が違うのだろうか。その違いとは、次の3つである。短時間雇用（パートタイマー）であること、有期雇用（契約社員）であること、そして間接雇用（派遣労働）であるということだ。

　まず、短時間雇用では、所定労働時間が通常よりも短い労働契約を結んでおり、「パートタイマー」や単に「パート」、あるいは「アルバイト」などと呼称されている。なお、こうした企業ごとの呼称と労働契約の内容は実際には一致していないことが多いことに注意が必要だ（呼称と実態を一致させる法律上の義務はない）。実際に、フルタイム労働者でありながら「パート」と呼称されているケースは非常に多い。

　有期雇用の場合には、3カ月、6カ月など雇用期間を定めて労働契約を結ぶ。フルタイムの場合には「契約社員」と呼ばれていることが多いが、パート、アルバイト、嘱託（主に定年後に再雇用された労働者に対する呼称）など短時間雇用労働者の多くも有期雇用である。そして、「間接雇用」は、労働者を直接指揮命令する者と雇用契約を結ぶ者が異なる労働契約に基づいている。簡単に言え

ば、「働かせる会社」(指揮命令する会社) と「雇う会社」(労働契約を結ぶ会社)
が別だということだ (使用と雇用の分離)。また、派遣労働者の中には有期雇用、
無期雇用のどちらの場合も存在し、短時間雇用の場合もある。

　このように、「非正規雇用」の契約関係とは、労働契約上は短時間の労働契約、
期間の定めのある労働契約、あるいは派遣労働契約のいずれかを結んでいる場
合を指している。そのため、「パート」や「契約社員」、「派遣」など呼称はさ
まざまだが、それらの名称にかかわりなく、それぞれの契約内容の性質が問題
となる。よく「アルバイトだから〜」などと差別的に扱われることがあるが、
そうしたことが当然に許されるわけではない。逆に、「正社員」と呼ばれていても、
実は労働契約の中身が有期雇用である割合も増加しているので注意が必要だ。

■雇止めに対する法的規制

　非正規雇用は、一般的に、正社員よりも雇用が不安定で低賃金であることが
多い。そこで、労働法はその格差の是正を図っている。

　雇用の不安定さに対しては、まず、労契法19条によって一定の場合に雇止め
(契約期間の満了と共に労働契約を終了すること) は無効とされ、無効とされた場合
には従前の有期労働契約が更新されたものとみなされる。契約期間が決まってい
るからといって、使用者は無条件に期間の満了と共に解約することはできない
のである。大半の非正規雇用が有期雇用の中でこれは、とても心強いルールだ。

　雇止めが無効となる「一定の場合」の１つ目は、過去に反復更新された有期
労働契約で、契約更新の手続もなく、ほぼ自動更新されているような場合であ
る。具体的には、契約書を作成せずに更新しているような場合だ。２つ目は、
労働者側に、次も更新してもらえるだろうと期待するだけの合理的な理由があ
ると認められる場合である。たとえば、経営者側から「頑張って働いていたら、
契約は更新されるから大丈夫」というように契約更新を期待させる言動がある
場合が該当する。これらの規定は、裁判例において解雇権濫用法理を類推適用
し形成されてきた「雇止め法理」が立法化されたものである (＊１。148頁参照)。

　また、労契法18条は、同一の使用者との間で有期労働契約が通算５年を超え
て反復更新された場合、労働者の申込みにより、期間の定めのない労働契約に
転換する「無期転換ルール」を定めている。たとえば、１年契約の有期雇用労

働者が、5回更新して通算6年目に入った場合、その契約期間中に労働者が使用者に無期転換を申し込むことで、労働契約を無期雇用に転換することができる。ただし、無期転換したからといって、正社員になれるというわけではなく、何もなければ、賃金などの労働条件は従来の契約のままだ。

　実際には、労働者のモチベーションを保つために有期労働契約に際して更新の可能性を示されるケースは少なくない。契約更新の期待を持たせることで、使用者は労働者に一生懸命働いて欲しいと思うからだ。そのため、労契法19条によって契約が更新され続け、18条によって無期転換に至るケースが増加していくものと考えられる。とはいえ、「無期転換ルール」を潜脱するために、あえて4年11カ月で雇止めする事業主は後を絶たず、社会問題化している。このようなやり方が認められてしまえば、せっかくの「無期転換ルール」は役に立たなくなってしまう。4年11カ月での雇止めは、労働契約法の趣旨に反するものであり、法の潜脱を許さない法解釈や立法が求められている。

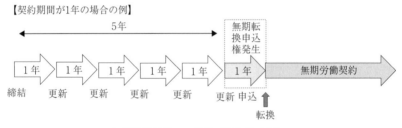

無期労働契約への転換（労契法18条）

■パート・有期労働者の格差是正

　雇用の不安定さに加え、非正規雇用は日本型雇用から除外されているために、処遇上の格差（雇用形態差別）も受けている。このような格差が生じる原因は、非正規雇用の「賃金の決め方」が正社員とは異なっているからだ。正社員の多くは勤続と共に昇給する（年功賃金制度、能力給制度）一方で、非正規雇用はあらかじめ決まった時給制が適用され、長く働いてもほとんど上昇しない。しかも、正社員には賞与や退職金の他、家族手当など、福利厚生のさまざまな手当がつく一方で、非正社員はそれらの手当が与えられない場合も多い。そこで、労働法はこのような格差の是正を図っている。

以前は、明確に是正する法律はなかったが、それでも、正社員と同一の労働に従事していた女性臨時社員の賃金が女性正社員の８割以下になることは公序良俗に反し違法であると判断した裁判例は見られた（＊２）。この判決では、労働内容が同一であった点が重視されている。

　さらに近年、格差是正を目的とする立法や改正が重ねられ、2020年にはパート労働法に労契法の有期雇用に関する規定の一部を統合したパート・有期法が施行された。同法８条（労契法20条の規定を移行）は、正社員とパート・有期労働者の間に不合理な待遇差を設けることを禁止している。そして待遇差の合理性については、①職務の内容（業務の内容および当該業務に伴う責任の程度）、②当該職務の内容および配置の変更（人事異動や役割の変化など）の範囲、③その他の事情を考慮して判断するとしている。つまり、労働内容だけではなく、配置転換の範囲や、労務管理上の「その他の事情」まで含めて待遇差の合理性を判断するということだ。このような判断の枠組は、柔軟に合理性を判断できる一方で、「いろいろな事情」によって差別を許容してしまう危険性も孕んでいる。

　これらの規定がどの範囲に及ぶのかは今後の裁判例の蓄積が待たれるところだが、労契法20条をめぐっては、2020年に５つの最高裁判決が出されており、新法の判断基準に大きく影響すると考えられる。大阪医科薬科大事件（最判2020.10.13）では、アルバイトに対する賞与の支払いが、メトロコマース事件（最判2020.10.13）では契約社員への退職金の支払いが争点となったが、両者とも非正規労働者の請求を退ける結果となっている。これらの事件では、最高裁は①職務の内容、②配置転換の可能性に違いが見られたうえ、正社員への登用制度の存在などを③その他の事情として認めた。ただし、事情が異なる別個のケースにおいては、賞与や退職金に格差があることが労契法20条に照らして不合理と認められうると言及している。つまり、賞与や退職金の格差は一律に正当だとみなされるわけではなく、上の基準に沿って個別的に判断されるということだ。実際にその後、再雇用された非正規労働者の基本給が６割下回るのは不合理であるとの地裁判決も出されている（名古屋自動車学校事件・名古屋地判2020.11.28）。

　一方、日本郵便事件（最判2020.10.15）では、最高裁は扶養手当、年末年始勤務手当など５つの手当の支払いに格差をつけることを不合理であるとした。こ

れらの最高裁判決の違いの背景には、賃金それぞれの性質の違いがある。賞与は会社への貢献度に応じた賃金制度である職能給に関係しており、長期勤続のインセンティブともなる。また、年金は労務の対価の後払いや継続的な勤務等に対する功労報償等の複合的な性質を有するものであり、やはり長期勤続を求める正社員と有期雇用労働者の間の差別は妥当だとする。その一方で、たとえば、年末年始勤務手当は具体的に年末年始に勤務した労働者に対する対価であり、職務内容やその他の事情に違いがあったとしても、手当の性質上、雇用形態による差別は不合理であると判断された。とはいえ、最高裁で賞与や退職金といった賃金の重要な部分における格差が幅広く認められてしまった影響は大きく、雇用形態格差の実情に鑑みて消極的な判断だといわざるを得ない。

■派遣労働の仕組みと問題点

　非正規雇用の中でも特に雇用が不安定なのが派遣労働である。労働者は派遣先と直接契約を結んでいないため、派遣会社と派遣先の間で結ぶ労働者派遣契約が解約されてしまうとそれを理由として解雇されてしまうことが多い。会社は「いつでも解雇（解約）できた方が雇いやすいはずだ」という論理もあるが、働く側はとても弱い立場に置かれてしまう。

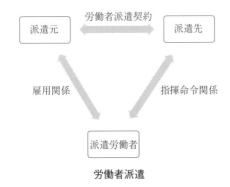

労働者派遣

　そのため、2000年代には派遣先企業の男性が「派遣契約を打ち切るよ」と脅して女性の派遣労働者に性的関係を迫るなど、セクシャルハラスメントが横行し社会問題となった。また、2008年の経済危機の際には、当時およそ200万人が働いていた製造業の派遣（・請負）労働者たちが一斉に解雇され、失業と同

時に社員寮からも退去させられ、多くのホームレスを発生させた。正社員の雇用は配置転換などで守られた一方で、派遣労働者に対しては派遣会社からポストに手紙一枚で解雇が通告されたり、体育館に数百人の労働者が一度に集められ、一斉に解雇が通告されるなどした。こうした問題は「派遣切り」と呼ばれた。

　そもそも、間接雇用は戦後職安法によって原則として禁止されていたが、経済界の強い要望を受け政府は1985年に派遣法を制定し、一定の職種に限って間接雇用を「派遣労働」とし初めて法認した。はじめは一部の業種に限定されていたが、1999年の法改正以降は逆に、特定の業種を除くすべての業種で認められるようになった。現在では製造業から保育・介護のようなケアワークまで幅広く派遣が活用されているが、比較的単純な業務派遣労働が拡大することで、雇用不安も強まっている。

　一方で、派遣の広がりによる雇用不安が表面化した2008年の「派遣切り」以降、政府は派遣労働者の保護を不十分ながら強化してきた。現在では、派遣法違反あるとしりながら派遣を行っていた場合、派遣先と労働者の間に労働契約が存在すると「みなす」制度（派遣法40条の6）の他、パート・有期法8条と同様の不合理な待遇の禁止規定（派遣法30条の4）も設けられている。

　　（参考裁判例）　＊1…東芝柳町工場事件・最判1974.7.22、日立メディコ事件・最判
　　　　　　　　　　　　1986.12.4
　　　　　　　　　＊2…丸子警報器事件・長野地上田支判1996.3.15

（3）働きたい？　働かないといけない？──高齢者雇用・障害者雇用

■「下流老人」と高齢者の就労

　数年前、「下流老人」という言葉が流行した。十分な年金を得られず、生活保護基準相当で暮らす高齢者が増加しているというのだ。統計データを見ても、公的年金給付は年々下がり、高齢者世帯の可処分所得は低下している。また、低所得、無貯蓄の高齢者世帯が増加している。

　こうした中、生活を維持するために高齢になっても働き続ける労働者が増えている。2019年の年齢階級別の就業率を見ると、65〜69歳が48.4％、70〜74歳が32.2％となっている（2020年版高齢社会白書）。10年前（2009年）と比較すると、

それぞれ12.2ポイント、10.4ポイント伸びている。

　少子高齢化が進む中、マクロな視点から見ても、労働力を確保するうえで高齢者の労働力は不可欠なものとなっており、高齢者の雇用は雇用政策上も重要性を増している。2019年の労働力人口総数に占める65歳以上の者の割合は13.2％であり、2000年から5.9％も上昇している（同白書）。

　一方で、高齢者雇用の多くは非正規雇用であることや、事業主には加齢による体力の衰えに対する配慮が求められるなど、課題も多い。

■非正規雇用や労働災害が問題に

　一般的には、一定年齢を過ぎると、労働能力は年齢とともに低下する。このため、企業の多くは定年制を設けている。法律は採用の場面における年齢差別を禁止しているが（労働施策総合推進法9条）、現実には、高齢者は正社員としては採用されにくい現実がある。こうした事情から、高齢者の多くが非正規雇用で働いている。役員を除く65歳以上の雇用者のうち非正規の職員・従業員の比率は77.3％である（労働力調査2019年平均）。

　このような非正規雇用は正社員との待遇格差が大きい。定年後に再雇用された労働者が、以前と職務内容が変わらないにもかかわらず賃金や手当に大きな格差があることが争われた事件では、最高裁は一部の手当に限って不支給が不合理だと判断している（＊1）。

　また、高齢者の労働災害の増加も懸念されている。中央労働災害防止協会が昨年作成した『高年齢労働者の活躍促進のための安全衛生対策』によれば、1998年から2015年までのおよそ20年間に、労働災害全体の件数が減少する中で、60歳以上だけは件数が減少しておらず、全体に占める割合が12％から23％へ増加している。

■65歳までの継続雇用が義務に

　近年では、少子高齢化や年金財政の悪化を背景に年金支給開始年齢が徐々に引き上げられており、これに伴って高年齢者雇用安定法が改正されている。1994年には定年年齢を60歳以上とすることが事業主の義務となり、2004年改正では、何らかの形で65歳までの雇用を保障することが使用者に義務付けられた。

具体的には、高年法は、65歳未満の定年を定める事業主に対し、①定年年齢の引き上げ、②継続雇用制度の導入、③定年制の廃止のいずれかの措置（高年齢者雇用確保措置）を講じることを義務付けている。このうち、②をとる企業が圧倒的に多く、非正規雇用での再雇用がその主な内容だ。

　なお、継続雇用制度の場合、雇用期間を１年などとし、これを65歳まで更新するといった形がとられることも多い。この場合に、65歳に至らない段階で雇止めされるケースがあるが、多くの裁判例は雇止めを無効と判断している（＊２）。使用者には65歳までの雇用が義務づけられているため、労働者が、雇用が継続されると期待することについて合理的な理由があると認められるからだ。

■「雇用」確保から「就労」確保へ

　さらに、2021年４月から施行される改正法は、定年を65歳以上70歳未満に定めている事業主、65歳までの継続雇用制度を導入している事業主を対象に、70歳までの「就業」確保措置を講じる努力義務を定めた。

　改正法の特徴は、「雇用」以外の形でも「就業」を確保すれば事業主としての義務を果たしたことになるという点だ。すなわち、①70歳までの定年引上げ、②定年制の廃止、③70歳までの継続雇用制度の導入のほか、70歳まで継続的に業務委託契約を締結する制度を導入した場合なども就業確保措置を講じたものと認められる。

　このような施策は、労働法制の保護が及ばないフリーランスや個人事業主としての契約に切り替えることを事実上促進するものであり、これによって不安定な就労形態が広がるのではないかと疑問視もされている。

■障害者雇用における「合理的配慮」とは？

　かつて障害者は「一般企業では働けない」、「企業の負担になる」などと考えられていたが、この20年ほどの間に状況は大きく変わり、障害者の就労が進んでいる。全国の企業で働く障害者の数は2019年６月の時点で56万人余りにのぼる。

　障害者の就労を促進し、また、障害者が差別を受けることなくその能力を発揮できる社会を実現するために、障害者雇用促進法は事業主に対してさまざ

な義務を課している。

まず、募集・採用、賃金、配置、昇進などの雇用に関するあらゆる局面で、障害者であることを理由とする差別が禁止されている。

しかし、形式的に障害を理由とする差別を禁止するだけで十分だろうか。障害者が就労する際にはさまざまな困難がつきまとう。そうした困難を具体的に解決していかなければ、障害者が職場で能力を発揮することはできない。

そこで、法律は、事業主に対し、障害者の募集・採用や就労環境・条件について「合理的配慮」を提供することを求めている。ここでの「合理的配慮」とは、募集および採用時においては、障害者と障害者でない人との均等な機会を確保するための措置のことをいい、採用後においては、障害者と障害者でない人の均等な待遇の確保または障害者の能力の有効な発揮の支障となっている事情を改善するための措置のことをいう。

チャットルームに登場する梨奈さん（ナナリー）のように、車いすで生活する労働者の例で考えてみよう。まず、募集・採用の段階では、採用試験で不利にならないよう移動に不自由がない設備や介助が求められる。採用後にも、問題なく業務が遂行できるようにスロープの設置など必要な施設の整備をすることが求められる。

さらに、同法は、障害者の雇用を促進するために、国・地方公共団体と民間企業の事業主に、一定比率の障害者の雇用を義務付けている。法定雇用率を超過達成している場合には、その比率に応じて障害者雇用調整金が支給され、未達成の場合には、その比率に応じて障害者雇用納付金が徴収される。2021年3月からは、民間企業については2.3％、官公庁については2.6％に引き上げられている。

(参考裁判例) ＊1…長澤運輸事件・最判2018.6.1
　　　　　　＊2…エフプロダクト事件・京都地判2010.11.26等

（4）若者だって結構大変です——若年雇用問題

■ブラック企業問題とは何か？

　みなさんも「ブラック企業」という言葉は聞いたことがあるだろう。2012年頃から若者の労働問題を指す言葉として使われ始め、現在では広辞苑にも載っている。一般的に「ブラック企業」とは、若者を使い潰すような過酷な労働を強いる企業を指しており、厚生労働省も「若者の『使い捨て』が疑われる企業」と表現し、注意喚起を促している。

　「ブラック企業」では、新入社員に比較的単純な業務に就かせ、長時間労働をさせる。IT、外食、不動産、運輸、小売、介護、保育などのサービス業に多く、業種としてはシステムエンジニア、プログラマー、営業職、運転手、店員（店長）、介護士、保育士などに頻繁に見られる。これらの業態では、安い賃金で長時間業務を稼働することで利益を増加させることができるため、低賃金の非正規雇用や若年正社員を多く採用しているのである。

　たとえば、24時間営業のコンビニエンスストアでは、24時間稼働させるために長時間の就労が求められる。これに対し、正社員の労働者を店員として採用し、1時間当たりの賃金を安く設定し長時間働かせることができれば、経営者はそれだけ利益を増加させることができる。同様に、年中無給で深夜まで営業する外食チェーン店や、24時間体制で運営する介護施設などでは低い賃金で正社員が長時間労働に従事する傾向がある。長時間、低賃金労働を要求された若年正社員はメンタルを病むなどして早期に離職してしまうことも少なくない。

■偽装求人、パワーハラスメントの横行

　とはいえ、このような「過酷」な職場を好んで選ぶ労働者は少ない。そこで「ブラック企業」の経営者たちは、求人に「細工」をくわえるようになった。たとえば、大学に出す求人に「月給20万円」などと記載しておきながら、入社後には「月給20万円　内訳：基本給12万円　残業代8万円」などという契約を締結する。この月給に含む残業代のことを「固定残業代（定額残業代）」と呼ぶ。こうして締結される労働契約では、時給当たりの賃金は最低賃金と全く同じだ

というケースも珍しくはない。2010年代には大手企業も含め、このような採用方法が蔓延し、「ブラック求人」、「求人詐欺」などとして社会問題となった。入社してしまった学生の側は、就職活動をやり直すことができないと考え、同企業で我慢して働いている場合がほとんどである。このような契約はそもそも民法上の錯誤（95条）に該当し無効である場合もある。あるいは、長時間の固定残業時間を定める労働契約が公序良俗に反するとして無効と判断されたケースもある。もちろん、固定された時間を超える労働時間の残業代不払いは明白な違法行為である。固定残業を設定する労働契約においては、何らかの形で法律違反になっている場合が多いのだ。

　また、「ブラック企業」では「洗脳研修」と呼ばれる新入社員へのハラスメント行為や、「指導」と称したパワーハラスメントが横行している。労働者が長時間・低賃金労働から退職しないように、「残業代が出ないのはお前の能力が低いからだ」などと叱責し続け、鬱病に罹患させるような事例が後を絶たない。そのため、人格権侵害などをめぐって多くの訴訟も提訴されている。

　このように社会問題となっている「ブラック企業」だが、「事前に見分けることができない」ということが非常に大きな問題である。個別の会社の実情は、外部からは判別できず、いわば「ブラックボックス」のような状態にある。

　そこで政府は労働組合や支援団体からの指摘を受け、2015年に若者雇用促進法を制定し、求職者に対し企業が平均勤続年数や研修の有無・内容など自社の情報を一部提供することを義務付けた。さらに、2017年には職業安定法を改正し、ハローワークの求人において固定残業代や裁量労働制の有無について記載することを義務付けた。しかしながら、これらの規定は不十分であり、「ブラック企業」や偽装求人の問題は未だに解決していない。これから就職活動を行う学生のみなさんは、ぜひ注意して欲しい。

■ブラックバイト

　最近の若年労働問題の中で、もう1つ有名になった言葉がある。「ブラックバイト」という言葉を聞いたことがある方は非常に多いのではないだろうか？「ブラックバイト」という言葉を世に広げた教育学者の大内裕和氏は、同語を「学生であることを尊重しないアルバイト」と定義した。この労働問題は、外食、

小売り、個別指導塾など学生アルバイト全体に広がっている。これらの業界に対しては、2015年12月、文部科学省・厚生労働省が連名で法令の遵守を求める異例の通知を出している。

「ブラックバイト」の背景にも「ブラック企業」と同様に、低賃金によって営業を成り立たせている経営実態がある。また、近年学生への仕送りが減り、アルバイトで生計を立てる者が増加し、いわば「学生の労働者化」が進んでいるという背景もある。

「ブラックバイト」と呼ばれる職場では、学生であるにもかかわらず高い責任を要求し、シフトを一方的に作成するなどして授業や就職活動に支障をきたす事例が後を絶たない。また、学生がアルバイトを辞めようとすると「損害賠償を請求する」などと脅して辞めさせないなどの問題が生じている。逆に、シフトを断った場合に嫌がらせとしてシフトを減らすといった問題も起こっている。

「辞めさせない」といった行為は、法律上は強制労働に当たり明白な違法行為である。アルバイトの離職が損害賠償責任を生じさせることも、基本的にないと言って良い。さらに、シフトの一方的な削減は新型コロナウイルスの流行に伴い、新たな非正規労働問題の争点として注目されており訴訟も提訴されている。「ブラックバイト」問題に対しては、学生自身が労働組合法上の権利を行使し違法行為の是正や労働条件の改善を団体交渉で解決する事例が増えている。

（5）外国人労働者のリアル──外国人労働者の雇用

■労働法は外国人労働者にも平等

日本には、今、約172万人の外国人労働者が働いている（2020年10月末・厚生労働省）。外国人労働者がいなければ、成り立たない産業や地域もある。

「外国人には残業代を払わない」とか「外国人には有給休暇を与えない」などということはできない。すべての労働法は、外国人労働者にも適用される。このことを理解しないで、外国人労働者を労働基準法や最低賃金法の定める基準以下の労働条件で雇用してもいいと考えている使用者がいるが、これは大きな間違いであり、許されないことである。

また、労基法3条は、国籍を理由にして、賃金・労働時間などの労働条件について差別的取扱いをすることを禁止している。同じ仕事なのに日本人の時給は2000円、外国人の時給は1500円などと定めることは、明確に国籍を理由とした差別的取扱いとして違法になる。

　もちろん、外国人労働者も労働組合に加入して、組合活動に参加したり、ストライキを行うことができる。人種や国籍を理由として、労働組合への加入を認めないとすることは許されない（労組法5条2項4号）。

■就労をコントロールする在留資格制度

　外国人が日本に在留して、何らかの活動をするためには、「在留資格」というものが必要である。現在、29種類の在留資格があり、そのうちの25種類の在留資格は特定の活動しかできないものである。たとえば、「介護」という在留資格であれば、介護もしくは介護の指導の仕事しか行うことができず、通訳の仕事をしたり、料理人の仕事をすることはできない。通訳の仕事ができる在留資格は「技術・人文知識・国際業務」であり、料理人の仕事ができる在留資格は「技能」である。そして、活動制限のある在留資格の場合、その活動をしないでいると在留資格を取り消されてしまう恐れがある。観光などの活動しかできず、就労が禁止されている「短期滞在」のような在留資格もある。

　「永住者」、「日本人の配偶者等」、「永住者の配偶者等」、「定住者」という4つの在留資格の場合は、できる活動に制限はない。また、何も活動をしなくても、在留資格を取り消されることはない。

　留学生は「留学」という在留資格を有している。「留学」という在留資格は、大学などの学校で教育を受ける活動のみができるものなので、原則として、仕事をすることはできない。しかし、多くの留学生は、アルバイトをして学費や生活費を稼ぐために、「資格外活動許可」を受ける必要がある。この「資格外活動許可」を得たとしても、週28時間を超えて働くことはできない。

　「永住者」以外の在留資格には、期限がある。たとえば、インド料理の料理人が、1年間の期限のある「技能」の在留資格で働いていたとすると、この期限を超えて働き続こうとする場合、在留資格を更新しなればならない。つまり、その次の期間に対応した、同じ「技能」の在留資格を得る必要があるというこ

とだ。ところが、この料理人が、在留資格の期限がくる前に解雇されてしまい、在留資格を更新する時に無職であると、在留資格の更新ができず、原則として帰国しなければならないことになる。そのため、外国人労働者は、解雇されることを恐れて、使用者に対して、不満があってもそれを言えず、泣き寝入りしてしまうことが多くある。

■パスポート取り上げ？！

　使用者が、外国人労働者からパスポートを取り上げて保管し、労働者が退職できないようにしたり、労働者から使用者に不満を述べたり、要求をすることを押しとどめようとすることがある。使用者に、外国人労働者のパスポートを保管する権限はない。たとえ、同意の下でパスポートを預かったとしても、「仕事を辞めたり、さぼったりすると、パスポートを返さないぞ」と脅して仕事をさせることは、労基法５条が禁止する強制労働に当たる。

　強制労働をさせることは犯罪であり、労基法で最も重い刑罰（１年以上10年以下の懲役または20万円以上300万円以下の罰金）が科せられる。しかし、実際には、そのような使用者が、処罰されることはほとんどない。

■技能実習制度って、知ってる？

①外国人の「単純労働」者は受け入れない、が原則

　日本政府は、単純労働の労働者が日本に来ると日本人の仕事がなくなるから、単純労働者は受け入れないという建前だ。まあ、政府が「単純労働」だとする製造業や建設業の仕事や農業労働が「単純」とは思えないが、特別の技能を持った外国人（専門的・技術的分野の労働者—大卒総合職、エンジニア、通訳、外国料理の料理人、スポーツ選手、歌手、介護労働者など）以外は受け入れないということだ。

　ところが1980年代以降、日本では単純労働者が不足し、その不足を埋めるために外国人労働者が求められた。でも、単純労働者を受け入れる制度はない。そこで、1989年の入管法改正で、ブラジルなどに移住した日系人（外国籍）の二世、三世を「定住者」という在留資格で受け入れられるようにしたほか、日本の技術や技能を学ぶ建前で単純労働に従事できる「研修」という在留資格が作られた。

このうち「研修」の制度が発展したのが、技能実習制度である。最初は1年間の研修だけだったが、その後1年の研修後に2年の「技能実習」を行うという制度になり、今は、最初から「技能実習」で原則3年間働くという制度になっている（さらに2年延長することも可能）。

②建前だけは立派な「国際貢献」

　政府は、技能実習制度を、日本の技能や技術、知識などの開発途上地域への移転、つまり開発途上地域の経済発展を担う人づくりに寄与する「国際貢献」のための制度だとする。でも実態は、企業にとっては安価な労働力であり、技能実習生にとっては出稼ぎである。ちなみに技能実習生は家族の帯同は認められず、また、技能実習の期間が終了したら帰国しなければならない。要は定住できないようにされているのだ。

　技能実習生のほとんどは、自国の「送出し機関」を通じて、日本の「監理団体」（事業協同組合や農協など）に受け入れられ、この監理団体から各企業に送られてそこで働く。でも、日本に来る前にこの「送出し機関」に多額の費用（ベトナムだと、平均年収の3～4年分に当たる約80～100万円が多い）を支払い、その費用を借金で用意していることが多い。送出し機関は技能実習生に対して、受け入れ企業から逃亡しない、労働条件に問題があっても労働基準監督署や労働組合などには相談しない、技能実習中に恋愛、妊娠や結婚をしないなどを約束させ、違反したら、帰国させられたうえに多額の違約金を支払うことまで約束させられている。しかも、監理団体は技能実習生1人当たり月に3～5万円程度の管理費を徴収しており、その負担は最終的に技能実習生が負うことになっているともいえる。

　そんなわけで、日本に来た技能実習生は、借金を返して、少しでも稼いだ賃金を本国に持ち帰れるように必死で働くが、約束した賃金が払われなかったり（不当に多額な寮費や水道光熱費が控除されていたり）、残業の時給が最賃法違反だったり（時給300円など）することも多い。また「一つの職場で技術や技能を学ぶ」という建前なので、辞めて別の職場に移ることさえできない。これに対し不満を言ったり労働基準監督署などに相談に行くと、監理団体や受け入れ企業によって暴力的に車に乗せられて空港に連れて行かれ、強制的に帰国させられることもある（もちろん違法だが、処罰されることはほとんどない）。パワハラやセク

ハラも多い。ここまでくると、強制労働や人身取引にあたる可能性さえあるが、日本政府は技能実習生に対する人権侵害について、人身取引に該当するとは全く認めていない。

　こういった人権侵害は、一部の悪い受け入れ企業の問題というより、制度自体の構造的な問題だ。要は「技術・技能の移転を通じた国際貢献」という目的自体が虚偽で、中間搾取と人権侵害のルール設定が許容されているから、深刻な人権侵害を引き起こしているのだ。

③ちょっとはマシ？？？　特定技能制度の創設

　技能実習制度に対する批判は強く、2017年の入管法改正で、特定技能という在留資格による受け入れを認めた。これは、従来禁止されてきた外国人「単純労働」者の受け入れを解禁するもので、技能実習制度に代わりうるものだ（ただ政府は、この制度も「単純労働」者の受け入れではないと言っており、技能実習制度も廃止されていない）。

　特定技能１号（農業、介護、食品製造、建設、造船など14業種）と特定技能２号（建設と造船の２業種）があり、どちらも技術・技能試験と日本語試験に合格することが必要である（ただし技能実習修了者は試験なしで１号となれる）。１号は在留期間上限が合計５年で、家族を連れてくることも原則としてできない（つまり技能実習生と同じく、定住化できないようにされている）。２号は、他の在留資格への変更が認められていたり、在留資格期間の上限がなく、家族帯同も可能（定住も可能）。１号の残留期間上限がある点や、２号が２業種しかないなど問題もたくさんあるが、技能実習制度よりはまだマシといえる。この先もこの制度を改革して、まともな外国人労働者受け入れ制度を作るべきだろう。

（6）日本なのに「外国」？——米軍基地で働く労働者

■日本なのに外国…フシギな米軍基地

　米軍が駐留している青森、埼玉、東京、神奈川、静岡、京都、広島、山口、長崎、沖縄の10都府県の米軍基地（三沢、横田、厚木、座間、横須賀、キャンプ富士、経ヶ岬、呉、岩国、佐世保、嘉手納、普天間など）は、日本の中の異国ともいえる。

　日米安保条約６条では「アメリカ合衆国は、その陸軍、空軍及び海軍が日本

国において施設及び区域を使用することを許され」、その使用にあたっては「別個の協定」および「合意される他の取極」により規律される（同条約同条2項）とされている。ここでいう「別個の協定」が「日米地位協定」で、これは、米軍の法的地位や米軍基地の管理運営や、米軍がどんな条件で日本に駐留できるかなどを定めている。ところが実際には、米軍関係の主権（権利）と日本の主権（権利）が衝突することがあり、そんなときに、どっちが優先されるのかという問題がある。これは結論からいえば、米軍関係の権利のほうが優先されているのだ。

　日米地位協定3条1項では、米軍は「設定、運営、警護及び管理のため必要なすべての措置」を執ることができる、となっている。これは結局、防衛省や環境省、労働基準監督官、県庁職員どころか警察官さえ、米軍の許可がなければ、基地の中に立ち入ることはできない、ということになってしまう。この結果、たとえば、基地に由来する燃料・有害物質が漏出した際にも、環境調査が困難であったり、基地で働く労働者の健康や安全が害されることがあっても国がフォローできなかったり、犯罪を起こした米軍関係者が基地内に逃げ込めば、日本の警察官は、原則的に手出しできなかったりといったことがでてくる。要するに、つつがなく日本の土地で日常生活を送っている日本人でも、米軍基地のフェンスの入り口（ゲート）をくぐった瞬間に、当然に受けるはずの人権保障や権利が十分守られないことがある、ということだ。

■米軍基地で働く日本人ってどんな立場？

　「基地労働者は、フェンスの中（米軍）で働いているから、日本の労働法が適用されない」というのはやっぱりおかしい。そもそも米軍基地のある土地は日本のものであるはずだ。

　では、基地労働者ってのは、そもそもどんな身分なんだろう。日米地位協定では、基地労働者は、防衛省（日本政府）に雇用され、防衛省から米軍に提供されて米軍に使用される（その数は全国で約2万5000人）。防衛省は米軍との間で、①基本労務契約（陸・海・空・海兵隊4軍の司令部などの事務員・技術者・基地警備員など）、②諸機関労務協約（米軍関係者の福利厚生・娯楽関係の基地内売店・ショッピングセンター・ボウリング場などの施設で働く者）、③船員契約（タグボートなどの

非戦闘船舶に乗り込む船員）、の３つの労務提供契約を結んでいる。わかりにくいが、基地労働者は、処遇は国家公務員に準じているものの、身分関係は、労働者派遣に類似した間接雇用方式であり、その法的位置付けは、公務員ではない（私企業で働く民間人と同じなんだ）。

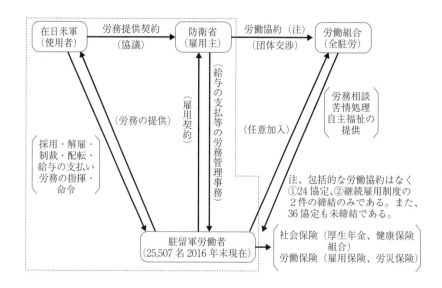

でも、日米地位協定では「相互で別段の合意をする場合を除くほか、賃金及び諸手当に関する条件その他の雇用及び労働者の条件、労働者の保護のための条件並びに労働関係に関する労働者の権利は、日本国の法令で定めるところによらなければならない」と定める。つまり、本来は日本の労働法がストレートに適用されるはずであり、基地労働の特殊性を反映した「保安解雇（保安上の理由による解雇）」を除けば、日本の労働法に反することは当然できないはずなのである。しかし、米軍は「労務提供契約を日米地位協定12条５項と一体として運用する」という独自の方針を押し通している。このため、防衛省は基地労働者に新たな国内労働法規を適用させようとするたびに米軍と交渉しなければならないのだが、米軍が同意をしないために、結果的に日本の労働法が守られない状態が放置されることも少なくないのが現実だ。

具体的な労基法違反の問題として、36協定が結ばれないという問題があり、

基地によっては違法な残業が常態化している。また、就業規則の作成・届出・変更（労基法89条）の問題もある。1964年に基本労務契約本則が策定され、就業規則として届出がされたまま、変更については付属書である基本労務契約を改定することで事実上の就業規則として取り扱っているが、その後の労働条件の変化に対応した基本労務契約本則の改定はずっと行われてきていないままだ。さらに、安衛法の要請する、同法17条（安全委員会）・同法18条（衛生委員会）・同法19条（安全衛生委員会）なども設置されていない。くわえて、労働三権に関しても、基地労働者の労働組合の団体交渉の相手方は防衛省であり米軍ではないとして、米軍は交渉を拒むばかりか、基地内の組合活動も禁止している。

このように、米軍基地の対応には問題がいっぱいだ。もう少し日本の労働法との整合性が図られなければおかしいだろう。

（7）労働者じゃない労働者？——個人請負など

■「雇用」と「業務委託」の違いって何…？

近年、「雇用関係によらない働き方」が広がっている。雇用契約（労働契約）を結んでいないけれども、自営業というほどまでに独立して事業を営んでいない。そんな中間的な就労形態で働く人びとが増えているのだ。

たとえば、身近な職種でいえば、美容師の間に「フリーランス化」が進んでいる。店舗との間に業務委託契約を締結して働く美容師が増えているのだ。「雇用」で働くのと「業務委託」で働くのとでは、どのような違いがあるのだろうか？

店舗専属の美容師として雇用されて働く場合、その働き方は「きつい」ものになりがちだ。営業時間外にも掃除、朝礼、練習、ミーティングなどがあり、朝早くから休憩も取れずに長時間働いていることが少なくない。店舗からの拘束が強い上に、職場での人間関係やハラスメントに悩むこともある。

他方で、フリーランスの美容師であれば、拘束性は低く、自身の都合にあわせて仕事量を調整したり、複数の店舗で働いたりすることができ、自由度が高いと思われている。こうした事情がフリーランスの就労形態が好まれる理由ではないかと考えられる。

だが、「雇用」の枠を外れることで失うものもある。たとえば、仕事中にケガをしたとき、「労働者」であれば労災保険法に基づく労災保険制度の適用を受け、無料で医療にかかり、働けない期間の収入が一定程度補償される。あるいは、妊娠したとき、「労働者」であれば、労基法に基づいて産前産後休業を取り、育介法に基づいて育児休業を取ることができる。残業させた場合には、割増賃金の支払いも義務付けられている。「フリーランス」の場合、基本的にはこのような法律は適用されない。

このように、法的な意味での「労働者」とみなされない場合には、「個人事業主」として扱われ、労働法のほとんどが適用されず、法的な保護を受けられないということになってしまう。

■「偽装個人事業主」のケースも…

個人のライフスタイルにあわせた自由な働き方といえば聞こえはいいが、現実には、使用者としての責任、つまり労働関係法令の適用を免れようとする事業主が、労働契約以外の契約形式を選択するケースも少なくない（5頁参照）。そうすれば、社会保険料の負担を減らすこともできるし、請負代金を仕入控除の対象とすることによって消費税負担を軽減することもできる。

こうしたことから、労働者を「個人事業主」に偽装する手法は古くからとられてきた。実際には「労働者」と同じような働き方をしているのにもかかわらず、個人事業主扱いされ、法的保護が受けられないという場合に働き手が被るデメリットが大きいことは上に説明したとおりだ。

こうしたときに、法的な意味での「労働者」であるかどうかをどのように判断するのかが問題になる。労働者に当たるのか否か、言い換えると「労働者性」の有無を労働法は契約書などの「形式」ではなく、客観的な「実態」によって判断する。どんな契約を結んでいても、実態が労働者と使用者の関係であれば労働法が適用されるということだ。裁判所が実態をふまえて「労働者」性を認めた事例は多数存在する。

■プラットフォームワーカーの労働組合も登場

近頃では、インターネット上のプラットフォーマーを介して仕事を請け負う

新しい労働形態（プラットフォームワーカー）が注目されている。

　典型的なのが、東京などの街中で見かけることが多くなったウーバーイーツ（飲食店の商品を宅配する業者）の配達員だ。配達員たちは、自分が働きたい時にスマホのアプリをオンラインにして仕事の依頼を受ける。あらかじめ就業時間は決まっていない。自分の都合に合わせて働くことができる。サラリーマンのように、体調が悪くても無理して出勤するというようなことはしなくてもいい。まさに会社に縛られない「自由な働き方」だ（ただし、もちろん休んだ分収入は減ってしまう）。

　ところで、ウーバーイーツのサービスを運営する会社と配達員の関係は、法的にはどのように評価できるのだろうか。運営会社は配達員を「配達パートナー」と呼んでおり、両者の間には労働契約も業務委託契約も交わされていない。

　私たち（消費者）がウーバーイーツのアプリを使って、ある飲食店の商品を注文すると、運営会社は飲食店に商品を発注すると同時に、店舗の近くにいる配達員に配達リクエストを行う。依頼を受けた配達員は、自転車やバイクで店舗まで商品を取りに行き、受け取った商品を消費者のところまで配達する。このように、運営会社は、プラットフォーマーとして、商品を売りたい飲食店と仕事をして収入を得たい配達員をマッチングする機能を果たしている。

　配達員は時間的・場所的な拘束を受けているわけではなく、上司から仕事のやり方について具体的な指示を受けているわけでもない。少なくとも形式的には仕事の依頼を断る自由もあるし、別の仕事をすることも許されている。伝統的な「労働者」のイメージからはかけ離れているように見える。

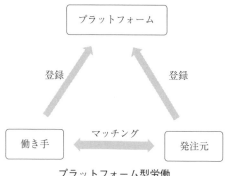

プラットフォーム型労働

　一方で、配達員たちが、いわゆる「自営業者」といえるほどの事業者性を有していないのは明らかだ。配達員の動きはアプリを通じて運営会社からしっかりとチェックされているし、評価を下げられるリスクを考えると仕事の依頼を断りにくい。何より、資本主義社会において経済的に劣位に立たされた働き手を保護するために労働法が整備されてきた歴史を踏まえると、形式的に「自営業者」とされているからといって、法的な保護を外してよいということにはならないはずだ。

　プラットフォーム・ビジネスが広がる中、海外でも、こうした新しい働き方をどのように位置付けるかが法政策上の課題になっている。国によっては、従来の「労働者」の概念をこれまでよりも拡張させて、「自営業者」の一部を労働者とみなすようにしている。あるいは、労働者でも自営業者でもない「第三のカテゴリー」を設定し、新しい労働形態を保護していこうという動きも見られる。

　日本でも、ウーバーイーツの配達員たちが労働組合を結成して運営会社に対して団体交渉を求めるなど、新しい動きが見られる。運営会社側は「労働者」ではないとして交渉に応じていないようだが、今後も増加すると見られるこのような事案を裁判所や労働委員会がどのように判断するのかが注目される。

サイドストーリー10　非正規労働者と労災

　非正規労働者の「過労死」というと違和感を覚えるかもしれない。

　「過労死等防止対策白書」2020年度版によると、2019年度の脳・心臓疾患の労災支給決定（認定）件数は全体で216件（死亡86件）あり、正規職員・従業員が193件（死亡79件）とそのほとんどであるのに対して、非正規労働者は13件（死亡3件）となっている（契約社員3件、派遣社員2件、パート・アルバイト8件）。

　このデータから、非正規労働者にも少なからず過労の問題があることがわかる。一部の業種において非正規労働者の基幹化・戦力化は著しいスピードで進んでおり、過重労働を強いられていたり、責任の重い仕事を担っていたりすることも多い。「会社から評価されないと契約が更新されないかもしれない」という不安から「自発的」に働き過ぎてしまう事例もある。もはや「過労死」は正社員だけの問題ではない。

　同時に、非正規労働者の脳・心臓疾患の認定率の低さにも目を向けたい。2019年度内に業務上又は業務外の決定が行われた件数は、正規職員・従業員が520件（死亡199件）、非正規労働者は102件（死亡25件）である。ここから認定率を計算すると、正規が約37％であるのに対し、非正規は約13％だ。死亡事案だけで見ると、非正規労働者の「過労死」が疑われた25件のうち3件しか労災が認定されていない。

　もちろん、業務上の災害であるかを判断するに当たっては労働時間の長短や精神的緊張を伴う業務の有無が考慮されるため、非正規労働者の方が相対的に業務上の災害であると認定されにくいということはあるだろう。しかし、それにしても、あまりにも認定率が低過ぎるのではないだろうか。

　労災請求を行う際には事業主の協力が必要になる。職場での出来事を外部に証明できるのは事業主しかいないからだ。しかし、会社の責任を回避するために、業務上の災害であることを認めようとせず、労災請求に協力しない事業主も少なくない。それゆえに、正社員であっても制度を利用する上でのハードルは高い。本人が亡くなっている場合はなおさらである。現在増加している「フリーランス」の場合には、使用者の指揮命令下の過重労働で死亡した場合でも、労働災害が適用されるハードルはさらに高くなる。

　非正規労働者の「過労死」の認定率の低さの背景にどのような要因があるのかはこのデータからではわからない。ただ、被災した労働者とその家族を確実に救済するために作られた労災保険制度が非正規労働者のような社会的弱者を本当に守れているのかを検証する必要があることは間違いない。

かっけ　　　　　　　　　　　　　　　　　　　　　4分前

会社に縛られない働き方っていいと思ってたけど、意外と大変なんだな

ゆうきゃん　　　　　　　　　　　　　　　　　　　3分前

僕は氷河期世代だけど、20年前にも「自由な働き方」ってフレーズが流行ってたから、なんかまたか…orzって感じ

サイカク　　　　　　　　　　　　　　3分前

歴史は繰り返す、History repeats itself！

さくらもち　　　　　　　　　　　　　　　　　　2分前

パートのルールも、ずいぶん変わってきてるんだね。あんまり実感ないけどw
でもまあ、正社員に近い仕事してるんだから、せめてパートの時給はもうちょい上げてほしいな

かっけ　　　　　　　　　　　　　　　　　　　　　0分前

でもさ、いくら仕事が近いっていっても、パートとかバイトって簡単になれるじゃん。
苦労して正社員になった人からすると、仕事が一緒だから給料一緒にしろってのも、ちょっと微妙なんだよなあ

ゆうきゃん　　　　　　　　　　　　　　　　　　　0分前

法律が完全に一緒にしろとなっていないのは、その辺もあるのかもね

さらに考えてみよう―私たちの周りの『リアル』―

うちの会社では、正社員と非正規パート、アルバイト）の格差をなくすためにということで、正社員の給料が5％カットされることになった。
「均衡をはかるため」だというけど、正社員の立場からすると、ちょっともやもやする。

9章

終わり良ければすべて良し、なんだけど…

#チャットルーム

「鶴の恩返しパートⅡ」、次回の新作では登場キャラの半数が姿を消すらしいということで、「つるおんリストラ」としてちょっとした話題に。

 ナナリー　　　　　　　　　　　　20分前
たしかにあんまり使わないキャラが増えてたし、私は別にリストラしていいと思うけど

 さくらもち　　　　　20分前
冷たいなwキャラへの愛情ないんかいw

 ゆうきゃん　　　　　　　　　　　17分前
リストラといえば、最近は新型コロナのせいでクビが増えてるね
沖縄なんかでも飲食店とかはほんとシャレにならない感じ

 あんかちゃん　　　　　　　　　　15分前
客が来なくて、店も収入が減ってるなら、クビも仕方ないのでしょうか。

 ゆうきゃん　　　　　　　　　　　14分前
いや、法律上はそんな簡単にはクビは認められないんだけどね

 かっけ　　　　　　　　　　　　　12分前
そういえばツイッターでも、どっかの政治家が、日本も金払ってクビにできる制度を入れるべきだっていってバズってた（＊）

 さくらもち　　　　　　　　　　　10分前
それ私も見た。そりゃあ1億円くらいもらえるんなら、まだいいかもしれないけどさ

＊バズる…爆発的に話題になること。

解雇は労働者にとってシビアな問題。かっけのいう金銭解決制度の話もあるようだが…。ここでは、解雇や退職をめぐる問題を見ていこう。▼

（1） 始まりがあれば終わりもある——労働契約の終わり方

　今これを執筆している2020年11月、アメリカ大統領選の報道が過熱している。結果は民主党候補ジョー・バイデン氏が"勝利"とされたが、現職のドナルド・トランプ大統領は「選挙に不正があった」として自らの敗北を未だ認めていない。そんな中、まだ終わっていないと記者を前に息巻くトランプ大統領の手前に、大きく赤い文字で「⇒EXIT」の文字が目立つ1枚の写真が秀逸すぎると話題になった。トランプ大統領はテレビショーでの自らの決めゼリフ「You are fired!（お前はクビだ！）」を逆に突き付けられ、まさにがけっぷちに追い詰められている状況だが、トランプ大統領でなくとも、去り際は、願わくば後味悪くない納得のいくものでありたい。

　というわけで、ここでは、職場における関係の"終わらせ方"にはどのような形があるのか、見ていこう。"終わらせ方"について大きく分けると、以下のように整理することができる。

　①　合意解約：「労働者・使用者双方の合意」に基づく将来に向けた労働契約の解約のこと。しかし現実の場面では「辞める⇔辞めない」は、後になってから「言った⇔言わない」の論争に発展し、合意の成否をめぐり長期間の泥仕合に陥ってしまうこともある。

　②　辞職：「労働者」からの一方的な労働契約の解約。期間の定めのない労働契約（無期契約）の場合、民法上は、労働者は14日の予告期間を置けばいつでも契約を解約（つまり、辞めることが）できる。①と合わせて「退職」ともいわれる。

　③　解雇・雇止め：解雇とは、「使用者」による一方的な労働契約の終了のこと。また雇止めとは、有期契約の場合の更新拒絶のこと（有期契約については、⑤も参照）。

　④　定年：労働者が一定の年齢に達したときに労働契約が終了する制度。日本ではよく見られる制度だが、定年制度を設けていない会社もある。高年法により、現在は60歳を下回る定年が禁止されているほか、65歳までの雇用確保措置が義務付けられている。

⑤　期間の定めのある契約（有期契約）における期間の終了：有期契約は、契約期間の満了によって労働契約が終了するのが原則だ。ただ、期間が満了した後も、お互いに何も言わずにそのまま労働者も働いているような場合には、労働契約はそのまま更新されたものと考えられる（民法629条）。問題は、期間が満了になった後、使用者から一方的に「次は更新しません」と言われちゃう場合だ（これが③の、雇止めというものだ）。特に、何度も契約を更新しているなど、労働者のほうも次の更新が当たり前だと思っているようなときにこれは深刻となる。

　なお、期間中の契約の拘束力は最大限尊重されるべきとの考えに基づき、原則として契約期間中の解約はできないことになっている。ただし「やむを得ない事由」がある場合は、労使どちらからも解約できる（民法628条・労契法17条）。

　次の（2）では、解雇・雇止め以外の労働契約の終わりについて、もう少し詳しく掘り下げてみたい。

（2）労働者からのサヨウナラ──退職

■辞めるのは自由だ！

　学生や社会人から労働相談を受けていて、最近多くなったと実感するのが「バイトを辞めたいのですが、今人手が足りずギリギリで職場を回しているので、辞めさせてくれないのではないかと不安です」「会社を辞めたくて、退職願を出したのに、上司から何度も呼び出されて延々と説得され、ズルズル辞められない状態が続いています」などの「辞めさせてくれない」相談である。

　これらの相談に端的に答えるなら「退職は、労働者であるあなたの自由です」ということになる。民法上は、労働者だけでなく使用者も含む契約当事者双方に「解約の自由」を平等に保障する形になっているが、民法は、「契約当事者が対等の力（パワー）を持っている」という前提に立つ法律なので、現実の労使の圧倒的な力の非対等性（つまり、契約を切られて困るのは、現実には労働者のほうが圧倒的に多いということ）を考慮していない。だからこそ、使用者からの解約（つまり解雇）に関しては、労働法が、民法のこの規定を修正している（労基法19条、労契法16条など。詳細は（3）で）。

　逆に、労働者からの解約（つまり退職）については、労働法にルールがない

ため、民法のルールが適用される。無期契約であれば、労働者は14日の予告期間さえおけば、いつでも（＝理由を問わず）契約を解約することができる。つまり、労働者から「辞めます！」と言えば、そこから14日たてば、使用者がいくら「辞めさせないぞ！」と息巻いていても、自動的に労働契約は終了する。労基法5条が強制的な労働を禁止していることや、さらには日本国憲法の職業選択の自由（22条）や奴隷的拘束の禁止（18条）といった基本的人権保障の観点からも、このように労働者の「退職の自由」が肯定されるのは当然だろう。

　もっとも、有期契約の場合は、前述したように、原則として期間満了によって労働契約は終了するものの、期間途中の解約はやむを得ない事由がある場合にしかできないので、労働者のほうからも簡単には辞めることができない（ただし1年経過後は退職できる（労基法137条））。なお、有期契約の期間満了による終了には重要な例外があるが、これについては、115頁以下も参照してほしい。

■予告期間をめぐる問題

　民法では14日前の予告でOKとなっているが、実際には、就業規則などで「退職の場合は1カ月前に申し出ること」など、予告期間が14日より長く定められていることも結構多い。そんな場合は、就業規則などの定めが優先するのだろうか。これについては、「民法に定める14日を超える予告期間を定めても無効だ」というものと、「退職の自由を不当に拘束しなければ、14日を超える予告期間を定めてもいい」、とする2つの考え方がある。

　行政の立場は後者だが、民法627条1項は、14日前に予告をすれば解約が認められると明確に定めているので、いくらなんでも法律の規定が全く無視されるとは考えにくい（そのような立場に立つ裁判例もある）。それに、就業規則はあくまでも会社内のルールであり、絶対的なものではないはずだ。

　もっとも「法律はこうなっています」といくら言っても、労働者が退職の申出をしたとたんに、使用者がブチ切れて「辞めるなら損害賠償請求するぞ」と凄んできたり、引き継ぎの不備などを口実に損害賠償請求すると脅かしたりする場合もある。ただ、実際に損害賠償請求をしてくることはごく稀であろうし、法律上のルールをきちんと守って退職する限り、万が一損害賠償請求されたとしても、むしろ使用者側の行為の方が不当であるから、よほどメチャクチャな

辞め方でもしない限りそのような請求が認められるはずはない。辞めさせてもらえないと悩んでいる人がいたら、脅しに屈することなく毅然とした態度で自分の意思を示せばよい（最近は「退職代行サービス」も増えているが、お金だけ取られて、結局後から使用者とトラブルになるようなケースもあるようだ。「言いにくい」としても、後々のことを考えれば、自分できちんと伝えたほうがいいだろう）。

■無理矢理辞めさせられそうになったら──退職勧奨

退職勧奨とは、使用者が労働者に退職を勧めることである。退職勧奨は、あくまでも使用者が労働者に退職を勧めるだけにとどまるものなので、応じるかどうかは労働者の判断次第である。だから、もし使用者から「ぜひ自分から辞めてほしい」と言われたとしても、労働者側に退職する意思がなければ応じる必要は全くない。そして仮に上司などから解雇をほのめかされた場合には、まずは、それが本当に会社の責任ある立場にある者からの通告なのかということ、そして、発言の趣旨は「退職勧奨」か「解雇通告」かを確認することが大事だ。ここをきちんと確認しないまま曖昧な返事をすると、後になって「本人も退職を了承した」と言われる可能性もある。ここは慎重に対処しなければならない。

退職勧奨自体は違法とはいえないが、その過程において、たとえば、密室で長時間にわたり執拗に退職を求めるなどの強いプレッシャーがあったと認められるような場合には、退職の意思表示は取り消すことができ、使用者側の行為が不法行為（民法709条）と認定される可能性がある。

退職勧奨に関する重要な判例の1つである日本アイ・ビー・エム事件（東京地判2011.12.28）では、退職勧奨の態様が、退職に関する労働者の自由な意思形成を促す行為として許容される限度を逸脱し、労働者の退職についての自由な意思決定を困難にするものであったと認められるような場合や、対象者を恣意的に選定して行われたと認められる場合などは、労働者が自らの退職を自己決定できる権利を侵害するものとして違法性を有すると判示された。ただし本件退職勧奨は、社会通念を逸脱した違法なものではないとの結論となっている。

■定年制について

青年期の読者にとっては、"定年"といわれてもまだピンとこないだろう。

無理もないことである。それでも定年という言葉を今まで一度も聞いたことがないという人は、おそらくほとんどいないだろう。いってみれば、定年制とは日本の"御家芸"のようなものである。かつては「男性55歳、女性25歳」などといった男女別定年制もよく見られた（もちろん、現在は違法である）。

定年制とは、労働者が一定の年齢に達したときに労働契約が終了する制度である。高年法8条は、定年年齢は原則として60歳を下回ることができないとされている。

合わせて、60歳定年後の高年齢の労働者が、少なくとも公的年金の支給開始年齢までは、意欲と能力のある限り働き続けることができるよう、事業主は、次のいずれかの措置（高年齢者雇用確保措置）を講じなければならないと定めている。

①　定年年齢の引上げ

②　継続雇用制度の導入（現に雇用している高年齢労働者が希望する時は、定年後も継続雇用する制度の導入）

③　定年制の廃止

②の継続雇用制度（これが事業主には一番楽なので、よく使われている）には、定年年齢が設定されたまま、その定年年齢に達した者を退職させることなく引き続き雇用する「勤務延長制度」と、定年年齢に達した者をいったん退職させ、その後再雇用する「再雇用制度」の2つの制度がある。なお継続雇用の雇用条件については、高年齢者の安定した雇用の確保が図られるものであれば、必ずしも労働者の希望に合致した職種・労働条件による雇用を求めるものではなく、常用雇用のみならず、短時間勤務や隔日勤務なども含まれることになる。

なお、事業主は、労使協定により継続雇用制度の対象となる高年齢者の基準を定めることにより継続雇用制度の対象者を限定できるという例外措置があったが、2012年の法改正により例外措置が廃止された。よって事業主は、2013年4月からは、継続雇用の対象となる高年齢労働者が希望すれば、その全員を再雇用する旨の制度を導入しなければならなくなった。

もっとも、再雇用されればそれで安泰というわけではなく、その後の処遇があまりにもひどいのはやっぱり問題だ。近年の判例では、専任講師として勤めてきた労働者が定年退職後、時間給の講師として嘱託再雇用されたところ、月

額賃金が定年前の30〜40％ほどに下がったというケースだが、裁判所は職務の内容が変わったことを理由に、当該措置は「不合理とはいえない」と判断した（＊1）。他方、定年時給与と比較して75％も低い賃金となる契約を申し出ることについて、合理的な理由が認められないとして、不法行為に基づく慰謝料の支給が認められたものもある（＊2）。

> **(参考裁判例)** ＊1…学究社事件・東京地立川支判2018.1.29
> ＊2…九州惣菜事件・福岡高判2017.9.7

（3）いらなくなったらポイ、じゃあんまりだ──解雇・雇止め

■解雇に関する法規制と解雇のタイプ

　解雇とは、使用者から労働契約を打ち切って終わらせること（いわゆるクビ）。

　解雇は、労働者側の問題によるタイプ（普通解雇、懲戒解雇）と、使用者側の問題によるタイプ（整理解雇）とに分けられる。懲戒解雇についてはここでは省略する（35頁参照）が、普通解雇は、仕事ができないとか、体を壊して働けなくなったとかになされる解雇。整理解雇は、経営悪化などで労働者を減らしたいときになされる解雇だ。

　使用者も必要な労働者に退職されれば困るだろうが、労働者の解雇は、その人や家族の生活に直結する分もっと深刻な場合が多い。ここでは、そんな解雇についての労働法のルールを見ていこう。

■そもそも解雇できない場合も──解雇制限

　まず、法律で解雇が制限（禁止）されている場合がいくつかある（次表参照）。

　（ア）と（イ）は見ての通り、「こんなタイミングで解雇されたら困るでしょ！」というもので、理由に関係なくこの期間は解雇できない。それ以外は「そのことを理由として」の解雇、つまりたとえば労基署に申告したとか、育休を申し出たとかを<u>理由とする</u>解雇が禁止されている。「理由とする」なので、他の理由であればこの解雇制限には引っかからない…が、使用者の日頃の言動や態度、解雇のタイミングなどから「本当は育休申し出たからでしょ！」と推測されれ

ば、やはり解雇は許されないことになるだろう。

解雇が禁止されているケースと根拠法一覧（主なもの）

（ア）労働者が、仕事原因でケガ・病気になって休んでいる期間と、その後の30日間の解雇 （イ）産前産後休業期間と、その後の30日間の解雇 （ウ）労働者の国籍、信条、社会的身分を理由とする解雇 （エ）行政官庁等に申告したことを理由とする解雇	労基法
（オ）労働者が組合員であること、組合に加入しようとしたこと、労働組合の正当な行為をしたこと等を理由とする解雇 （カ）労働委員会への申立て等をしたことを理由とする解雇	労組法
（キ）労働者の性別を理由とする解雇 （ク）女性労働者が結婚、妊娠、出産したり、産前産後休業を取得したことを理由とする解雇	均等法
（ケ）労働者が、育児・介護休業を申し出たこと、または育児・介護休業を取得したことを理由とする解雇	育介法

■明日から来るな！　は困ります——解雇の手続

　解雇制限に引っかからなければ、解雇自体はいちおう禁止されてはいないが、そうはいってもいきなりクビになったら生活に困ってしまう。そこで使用者は、解雇の30日前に「クビにします」と予告する（解雇予告）か、平均賃金の30日分に当たる手当（解雇予告手当）を払わないといけない（労基法20条）。ちなみに、天災事変で事業が続けられなくなったとか、労働者の問題行動が原因での解雇なら解雇予告などは不要だが、「使用者は問題行動だといってるけど、実は大したことない」というケースもあったりするので、予告などをしない場合は労基署長の認定を受けなければいけない。

■ちゃんとした理由もないのに、クビにはできない——解雇権濫用法理

　民法だと、使用者も労働者（厳密には、正社員など、いわゆる無期労働契約の場合）も、14日前までに相手に伝えれば、理由を問わず労働契約を終わらせることが可能だ。まあ使用者のほうは、労基法が優先されるので（154頁参照）上で述べたように30日前に予告するか解雇予告手当を払うかしないといけないのだが（20条）、逆にそれさえすれば、使用者は自由に解雇できるんだろうか？

実は民法や労基法にはそれ以上の制限規定はない。とはいっても、やっぱり好き勝手に解雇できるというのは問題だろう。…ということで古くから裁判所は、使用者の解雇する権利（解雇権）はいちおう認めつつ、それをむやみに使ってはいけない、という考え方をとってきた（＊1）。これが「解雇権濫用法理」といわれるものだ（労契法16条で「解雇は、客観的に合理的な理由を欠き、社会通念上相当な理由があると認められない場合は…無効とする」と条文化されている）。ざっくりいえば、解雇するなら、それなりにちゃんとした理由、しかも「こりゃあさすがにクビでもしょうがないだろーな」とみんなが思えるくらいの理由がないとダメだ、といった感じだ。

　具体例で考えてみよう。たとえば、仕事中居眠りばかりのAさんと、営業成績がいつも最下位のBさん。この2人、解雇できるかな？　結論からいえばおそらく解雇は認められないだろう。なぜなら、いきなり解雇しなくても、まずは注意をしたり（Aさんの場合）、ちゃんと仕事を教えたり、場合によってはほかの部署に異動させたり（Bさんの場合）できたはず。それをしないでいきなり解雇は厳しすぎるだろう、ということだ（ただし、実はBさんが「営業能力を買われての中途採用だった」みたいな場合であれば、また違ってくるが）。

　そのため、「日本は解雇のルールが厳しい」「一度雇うと解雇できない」なんていわれたりもする。たしかにそう簡単に解雇は認められない。しかし「解雇できない」わけではない。上の例なら「何度注意しても居眠りばかり」「かなり丁寧に教えたし、色々やらせたけどダメだった」などの事情があれば、さすがに解雇されても仕方ない、となるだろう。要は「使用者がやるべきことをやらずに解雇する」ことがダメなのだ。しかも現実には、解雇された時に労働組合や行政機関に相談したり、裁判で争う人はそう多くはなく、大半は泣き寝入りしている。その点でも、「解雇がきびしい」とは決していえないのだ。

■いわゆるリストラ——整理解雇について

　整理解雇は、解雇の中でも、使用者が経営悪化などを背景に行う解雇のことだ。法律上は、普通解雇と整理解雇とが区別されているわけではないので、ここまで述べたことは基本的にはどっちの解雇にも当てはまる（労契法16条が適用される）のだが、整理解雇は労働者の落ち度と関係ない分、普通解雇よりもハー

ドルは高い。具体的には、「整理解雇の4要件（4要素）」といわれる4つの基準（下表参照）に照らして、「解雇が権利濫用かどうか」が判断される。ただ、それぞれの基準の中で求められる程度は判決によって温度差もあり、たとえば②では、「希望退職募集をやってないとダメ」とするものも、「優秀な人がやめていくことになるから無理してやらなくていい」とするものとがある。

整理解雇の4要件（要素）

基準	概要
①人員削減の必要性があるか	・赤字続きなどの経営状況の悪化 （倒産しそう、というほどまでは必要ない）
②解雇回避のための努力をしたか	・配転・出向、新規採用停止、希望退職募集などを実施したか
③人選は合理的か	・客観的・合理的な基準で対象者が選ばれたか （勤務成績、勤続年数、経済的打撃の低さ等）
④手続きは妥当だったか	・労働組合や対象者への丁寧な説明や、誠実な話し合いをしたか等

■有期雇用労働者の場合は？——雇止め（契約更新拒絶）問題

ここまでは主に正社員のような、契約期間を決めないで働く（＝無期契約）労働者の話。では、契約期間が決まっている有期契約の労働者（パートやアルバイトも多い）の解雇はどうだろう。意外かもしれないが、実は有期契約の労働者の解雇は正社員よりも厳しく、「やむを得ない事由」がない限りできない（労契法17条1項）。裁判でも、有期契約の労働者を、契約期間途中で解雇することはほぼ認められていない。

もっとも有期契約の場合、契約期間が終われば、更新しない限り契約も自動終了する。これは「雇止め」と呼ばれ、契約を途中で打ち切る「解雇」とは別物だ。ところが日本では、短期間の有期契約を何回も更新しながらかなり長く働いているケースが少なくなく、しかもある段階で「次は契約更新しません」と言われてしまう、という問題が時々起こる（115頁以下も参照）。

契約を更新しないのは使用者の自由だし、法的には解雇ではない。だけど、契約がほぼ自動更新だったり、そうでなくても何度も更新していれば、労働者も「ずっとここで働ける」と期待するのが普通だろう。それをいきなり雇止め

されて仕事失ったら、労働者にとってはほとんど解雇と変わらない。だったら雇止めも解雇のルールに準じて（これは解雇権濫用法理の類推適用といわれる）考えてもいいんじゃない？　ということが1960年代あたりから主張されるようになる。そしてこれはその後2つの最高裁判決（＊2）を経て、2012年労契法改正で立法化された（労契法19条）。

　この労契法19条は、一定の場合には雇止めが制限される（法的には、その雇止めが「客観的に合理的な理由を欠き、社会通念上相当と認められないとき」には許されない＝使用者が、有期契約更新を承諾したものと扱う）としている。具体的には1項と2項に分かれているので、それを見ていこう（8章（2）も参照）。

①労契法19条1項（実質無期契約型）

　これは、何度も契約が更新されていて、しかもそれがほぼ自動更新だった…みたいな場合は、もはやそれって無期契約みたいなもんだろ、ということで雇止めが制限されるとするものだ。

②労契法19条2項（期待保護型）

　こっちは「ほぼ無期契約みたい」とまではいえないけど、普通は更新されるって期待するだろ！　という場合に雇止めが制限されるとするもので、たとえば希望者はほぼ更新されているとか、「なるべく長く働いてよ」みたいに期待を持たせる言動があったとかいう場合などだ。

　じゃあ最初から「更新は原則なし。ただし会社が必要と認めたときは更新することもある」みたいに決められていたら（不更新条項）どうだろう。まあ使用者がきちんと説明し、労働者も理解していて、しかも実際に更新もされていなければ、さすがに期待するのは無理がありそうだが、実際には「期待させないようにそう書いてるだけで、本当は更新する気満々」みたいなケース（ツンデレかよ！）も結構ある。そんな場合は、期待がある程度保護されてもいいだろう。

（**参考裁判例**）＊1…高知放送事件・最判1977.1.31
　　　　　　　　＊2…東芝柳町工場事件・最判1974.7.22、日立メディコ事件・最判1986.12.4

サイドストーリー11　解雇規制を緩めたほうが労働者のためになる？

　本文でも触れたが、「日本は解雇規制が厳しく、一度雇うとなかなかクビにできない」というわけでは決してない。しかし、これとはまた少し違う角度から、解雇規制を緩めたほうが、労働者にもプラスになる、という意見もある。

　1つは、「解雇規制を緩めれば人が採用されやすくなり、失業率が下がる」といった話だ。たしかに、解雇規制が厳しいので採用に慎重になる、という面もなくはなさそうだ。とはいえ、だからといって解雇規制を緩和すれば失業率が改善するのかについては、疑問を呈する声もある。たとえばドイツでは、かつて「従業員10人未満の事業場については、解雇規制は及ばない」という法改正が行われたが、解雇の数と採用の数にそれほど目立った関連性は見られなかったようだ。結局、解雇規制の緩和だけで失業率を大きく改善させるわけではないし、特に景気低迷時には、結局使用者も採用を手控えるから、結果的に解雇が増えるだけ、ということになりかねない点は留意が必要だろう。

　もう1つは、「解雇規制を緩めれば、斜陽産業から成長産業に、労働力移動が進む」という話。働き方改革で、（解雇規制の緩和、とはいっていないが）「高い付加価値を創出する企業に円滑に労働が移動していくことにより、国としても生産性が高まることが期待される」とされており、雇用の流動化を強く期待していることが見て取れる。たしかに、労働者が必要な職業能力を身につけ、成長産業にシフトしていけば、生産性向上や労働力確保につながり、しかも労働者もそれほど生活面の不安を抱えなくてすむなど、一見、いいことずくめのようにも見える。しかし実際にはそう甘くはない。職業能力の向上にはコストも時間もかかるし、みんながスムーズに成長産業に移動できるわけでもない（その間の生活保障をどうするかも問題となる）。労働者には退職の自由があるから、優秀な労働者は今でも自由に「流動」できるが、そうでない大部分の人たちはそう簡単にはいかないし、そもそも、慣れない分野に移りたくないということだってあるはずだ。

　百歩譲って、解雇規制が失業率の改善や生産性向上など「数字の改善」につながる面があるとしても、労働者はモノではなく、一人ひとり心があり、生活もある「人間」であり、数字だけで語ってよいものではないはずだ。ましてやそれを、解雇の心配がないようなエライ人たちが論じていることに、どうにも違和感を拭えないのは、筆者だけだろうか。

あんかちゃん 　　　　　　　　　　　　　　　　　　　4分前

夫が、部下からいきなり「辞めます、もう会社行きません」って
ライン送られてきて、そのあと連絡つかないって悩んでいました。

ナナリー 　　　　　　　　　　　　　　　　　　4分前

確か、2週間前に伝えれば辞められるんじゃない？

ゆうきゃん 　　　　　　　　　　　　　　　　　　3分前

法律ではそうだけど、実際にはそういう辞め方すると大変だよ
辞めた後の社会保険の手続きとかもあるし、使用者も頑なになっ
て、離職票出さないとか、いろいろトラブルあるし

さくらもち 　　　　　　　　　　　　　　　　　2分前

ああわかるw
私もキレて辞めた後、いろいろ面倒だったからなw

かっけ 　　　　　　　　　　　　　　　　　　2分前

退職代行サービスってネットで見たけど、どうなんだろう
会社の人に会わなくても辞められるのはいいよな

ゆうきゃん 　　　　　　　　　　　　　　　　　　0分前

パワハラで会社に言いにくいとかの場合もあるから、気持ちはわ
かるけど
弁護士じゃないのに代行できるのかとか、会社から後で損害賠償
請求されたりとか、トラブルも結構あるみたいだな

さらに考えてみようー私たちの周りの『リアル』ー

今の会社、これ以上いてもあまり展望が開けないから退職した
いと思っている。でも、人手不足なので、上司がしつこく引き留
めてきて、なかなか辞めさせてくれない。どうしたらいい？

終章

結局、労働法ってなんだ？

#チャットルーム 「鶴の恩返しパートⅡ」、新しい敵がやたらと強いと話題に。これがちょっと物議を醸しているようで…。

あんかちゃん 　　　　　　　　　　　9分前

今回の敵、すごく難しいですね！やる気なくします。

ナナリー 　　　　　　　9分前

ほんと！なんかイヤになってきちゃった

かっけ 　　　　　　　8分前

それツイッターでも結構話題になってるね
やめる人増えるんじゃね？

ゆうきゃん 　　　　　　　　　　　6分前

いやー、でも運営（＊）もゲームバランスには結構敏感だし、修正するんじゃない？
やる人が減ったら痛手だからね

＊運営…オンラインゲームにおいて、ゲーム内のキャラクター（登場人物）やストーリー、プレイヤーの行動管理など、ゲームの運営全般に関わる設定を行う組織や機関のこと。

ゲームの世界では、難易度の「バランス」をとるために後から修正が入ることも実は少なくない。労働法の世界も、労働者と使用者の力関係の「バランス」が問題となるという点では、ちょっと似てるかも。
最後に、労働法が何をどう修正してバランスを取ろうとしているのかを見ていこう。

▼

■近代市民法（要は、民法）を修正するのが、労働法！

　本書をざっと読んでみて、労働法のイメージがつかめたであろうか。

　労働法とは、近代市民法を修正するものだ。封建社会では、人びとの権利義務は、個人の意思や能力とは関係なく、すべて地位や身分によって決められていた。このような体制を打倒した市民革命により、近代市民法（民法）が制定され、従来の反省から、①私的所有権の絶対性、②私的自治（契約の自由）、③権利能力の平等性という近代市民法の３原則が確立された。①については憲法29条（財産権の保障）で確認されているが、経済的自由権の１つとして、本来であれば職業選択の自由（憲法22条）の前後に規定されるはずであるが、労働法を中心とする社会権（憲法25条～28条）の後に規定されていることは、もはや財産権が絶対的なものではなく、社会的権利との調整が予定されていることを示している。②については、憲法14条（法の下の平等）にも規定されている。

　そして、契約当事者間の身分的性格を絶対に否定する民法では、労働者と使用者とは経済的・法的にも対等であること、また契約内容も、あくまで当事者の自由な意思のみにより決定されるという契約自由の原則（契約を締結する自由、契約内容の自由、解約の自由等）が重要視されていた（身分から契約へ）。

　たとえば期間の定めのない労働契約においては、14日以上前に予告さえすれば、労働者は自由に（その理由を問わず）退職できる（退職の自由）のと全く同様に、使用者は労働者を自由に解雇できる（解雇の自由、民法627条）。このように、民法では、使用者の解雇と労働者の退職は同一のものとして規定されている。でも経済的・社会的な観点から見て、使用者の解雇と労働者の退職は、果たして同じものだろうか。労働者が退職しても、使用者が労働者を募集・採用することはさほど困難ではないのに対し、特に景気の悪い時期（最近のような、新型コロナの感染拡大の時期等）には、解雇された労働者が次の就職先を得ることは、現実には容易ではないだろう。

■では、具体的にはどんな修正をしているの？

①「対等性」の確保

　このような認識に基づき登場したのが労働法である。解雇予告が14日前では、不況期でなくとも、就職先を見つける時間としては決して長くはない。そこで、

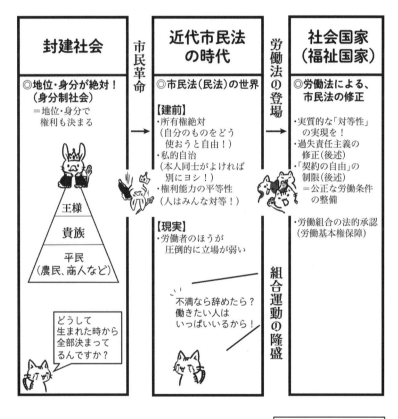

労基法では、使用者の解雇予告期間を30日以上と修正している（20条）。そうすると、民法627条と労基法20条の規定の内容にズレが生じるが、特別法である労基法が、一般法である民法よりも優先するので、労基法20条が優先適用となる。これに対し、労基法は労働者の退職予告期間に関する規定を置いていないので、民法627条の定める「14日前」が労働者の退職予告期間となる。

　また、使用者による解雇の自由を原則とする民法の規定は、労基法、労契法、均等法等によって一定の解雇が禁止・制限されるに至っており、この意味で、民法627条の使用者の解雇の自由は、現在では大幅に修正されている。ここでも、労働法は、労働者・使用者間の経済的格差に注目して、実質的平等を達成しようとしていることがわかるだろう。

② 「過失責任主義」の修正

　次に、近代市民法の重要原理の1つである「過失責任主義（過失がなければ、責任を負わなくてもよい）」にも修正が加えられている。産業革命により巨大な技術革新が進み、これによって企業が経済活動を推進することができ、資本主義経済の発展をもたらした反面において、あらたに大規模な労働災害を引き起こす結果となった。労働災害の場合、ケガをした労働者や死亡した労働者の遺族は、使用者に対して、不法行為を理由とする損害賠償を請求することになる。でも、企業が当時要請されていた注意義務を果たしていれば不法行為責任を問われないという「過失責任主義」の考え方だと、専門家を揃えた企業に対し、労働者や遺族が企業の過失を証明することは容易ではない。そこで、労働災害については、使用者の過失がなくとも、業務に起因する災害であれば、使用者が治療費や休業・遺族補償を行うという無過失責任主義が採用され（労基法75条以下）、さらに、政府が保険者となり、使用者に加入を義務付ける労災保険法によって、労働者の業務災害のほか、通勤災害の場合の補償もカバーされている（同法7条）。ここでも、「過失なければ責任なし」という民法の大原則が、労基法や労災保険法により修正されていることがわかる。

③ 「契約の自由」の制限

　さらに、企業に採用されたとしても、現実には、経済的力関係から、労働者は使用者が提示した労働条件に従わざるを得ないのが現状だ（まさに、「ノーと言えない労働者」だ）。このため、最賃法や労基法は、最低賃金額や労働時間の

上限規制等についての最低労働条件を定めることにより、労働者が健康で文化的な生活を過ごせること（憲法25条）を保障しているのだ。

　もっとも、これはあくまで最低労働条件に過ぎないから、憲法28条は、労働者に対し、団結権、団体交渉権および争議権（団体行動権）を保障することにより、労使が対等な団体交渉を行うことができ、労働条件の維持改善を達成できるというシステムを構築しているのである。

　以上のことから、労働法とは、当事者間の対等性、契約の自由あるいは過失責任主義などという近代市民法の基本原理である形式的平等の理念を修正し、実質的な労使対等原則を回復させることを目的とする法分野であることが確認できたのではないだろうか。

民法のままだと、労働の場面では何がまずいの？

	民法の考え方（概要）	そのままだと、労働の場面では何がまずい？	労働法では、こう修正してるんだ！（例）
当事者間の対等性	○人間はみんな自由で平等 ○みんな同じなんだから、同じに扱わないとおかしい	○現実には、使用者のほうが立場が強いことがほとんど 給料に不満なら辞めてもらって結構だよ！ 	○使用者が労働者を解雇する場合には、いろいろ規制あり ・一定の場合は、解雇は絶対ダメ ・そうでなくても、原則30日以上前に解雇の予告が必要！ ・解雇予告をしても、ちゃんとした理由がなければ解雇は無効に！ ○労働者が自分で辞める場合（退職）は、原則14日前までにいえばヨシ！
契約自由	○誰といつ、どんな内容で契約しても、契約する人同士がよければヨシ！ ○契約したら、守らないとダメ	○労働者のほうが、一方的に不利な契約内容を押しつけられやすい ○「条件が悪いから契約しなきゃいい！」とはいえない（契約しない＝働かないと収入が…）	○最低限の労働条件を法律で決めている（損害賠償額の予定の禁止、労働時間の上限や休憩・休日の付与、最低賃金など） ○「非正規だから給料は正社員より安くて当然！」とはならない（「不合理」なほど違うのはダメ）
過失責任主義	○過失（落ち度）があったときだけ責任負えばヨシ！（過失がなければ責任を負わなくていい）	○仕事でケガをしても、「使用者の過失でケガをした」ということを労働者のほうで証明しないと責任追及できない ○裁判で争っても、時間もお金もかかるし、勝てるかどうかもわからない	○使用者による無過失責任補償（使用者は過失がなくても、一定の範囲で補償すること） ○労災保険制度の整備（使用者にお金がなくて補償できないと困るので、国家の社会保障制度として整備。通勤災害もカバー）

「平等」って聞こえはいいけど、形だけの平等（形式的平等）じゃ、労働者が不利になりやすいんだね。

そう。だからこそ労働法は、労働者と使用者を対等な力関係（実質的平等）に近づけようとしてるんだよ。

オフ会
秋葉原の個室居酒屋「ブラック・マンデー」にて

■初めてのリアルなご対面！

かっけ（翔） なんか、リアルで会うのって照れるっす！ ボク、意外とシャイなんすよ。

あんかちゃん（杏華） かっけさん、リアルだとイメージ違うね。もっと過激な人だと思ってたー。

サイカク（ジョン） オンラインゲームの仲間とリアルで会うのは初めてなので、今日はとても楽しみにしてきました。みなさん、オフ会（オフライン飲み会）ってよくやるのですか。

さくらもち（さくら） 私も今回初めてだよ。この中で子どももいるの私だけでしょ。てか、やっぱみんな若いわw

ナナリー（梨奈） さくらもちさん、初めて会ったけど、イメージ通りです！ 推しキャラ一緒だし、キーホルダーおそろだし、めっちゃ嬉しいです！

ゆうきゃん（優斗） でも、ノリでオフ会の企画しちゃったんだけど、まさか全員来てくれるなんて、軽く奇跡だよね。

あんかちゃん でも、コロナなのに集まってオフ会とか、設定に無理がありませんか。

かっけ まあ細かいことはいいじゃないっすか！ とりあえずかんぱーい！

　── というわけで、編者の事情（？）で、強引な展開で始まったオフ会。そのうちに、またまた労働の話題に…

さくらもち ところでさ、今、職場でトラブルあってさ、みんなに聞いてもらいたいんだけど…。

あんかちゃん え、さくらもちさん、どうしたの？

ガラガラガラっ（後ろの扉が開く音）

？？？（謎のオジサン）　私のこと呼びました？

かっけ　（心の声：なんだ、このオジサン！？）　あーたぶん、お部屋間違っていると思いますよ。お隣じゃないですか？

？？？　いえいえ、私のこの地獄耳で、たしかにさっき「職場でトラブル」と聞こえましたよ。そして、職場のトラブルといえばこの私、山田太二（タイツ）にまかせてもらいましょう。

サイカク　なるほど、あなたが職場のトラブルという意味ですか。

タイツ　何をおっしゃるウサギさん…。山田タイツといえば、セクハラ研究の重鎮、「セクハラのタイツ」として労働法の世界では知られた存在です。何か異議がありますか。

ゆうきゃん　セクハラのタイツって、なんかやばい感じしか…。

ナナリー　あれ、川畑先生？？　ちょっとみんな！　私のゼミの労働法の先生だよ！　なんでそんな格好してるんですか？ｗ

タイツ　おや、梨奈さ…。おっと失礼。川畑先生のゼミの学生さんですか。彼とはよく間違えられますが、私は彼とは別人です。

サイカク　なんだかよくワカリマセンが。でも、そんな大先生とこうして会えたのも何かのご縁でしょう。「袖振り合うも多生の縁」というではありませんか。

かっけ　まあそれならせっかくだから、いろいろ聞いていいっすか？　とりあえずタイツ先生、一緒に呑みましょう。かんぱーい！

　──そしてこれまた強引マイウェイ（？）な展開で、主人公たちの労働相談が始まることに！

■タイツ先生、リアルな労働問題を斬る！

タイツ　ところでみなさんはどういう集まりなんですか。

ゆうきゃん　僕たちはオンラインゲームで知り合った仲間で、今日初めて集

まったんですけど、仕事の愚痴とか悩みの話になっちゃって。

タイツ　ほほう。ネッ友というやつですか。今はそういう時代なんですね。みなさん、学生さんですか？

①コロナで不景気、内定取消しは仕方ない？

かっけ　僕は大学4年生です。内定先は、新型コロナの影響をもろに受けている旅行会社です。「内定をもらう」つもりが、「泣いて―もらう」（内定取消し）ことになったらどうしようかと。

タイツ　おいキミ、ぼくのギャグを盗まないでくれるかな。

かっけ　え、あ、すみません…！？（ちょ、なんで怒られてるの！？）

タイツ　でもね、いくらコロナだからといって簡単に内定を取り消すことはできないんだ。内定を取り消すには、ちゃんとした理由（正確には「客観的に合理的で社会的に相当な理由」）がないと、できないんだ。

かっけ　でも、内定通知書に「会社の業績が悪化した場合には取り消す」って書かれてたんですけど。

タイツ　会社のほうは「業績が悪化した」といってても、首切りとかまで必要な段階じゃない場合もあるし、残業カットや出向などで対応できる場合もあるから、「内定通知書に書いてあれば諦めるしかない」ってことはないよ。ただ、従業員を整理解雇するよりは、内定取消しが広く認められる可能性はあるけど。

ゆうきゃん　なるほど。でも、行政による自粛要請で店があけられない場合とかは、さすがに内定取消しも許されることになりませんか？

タイツ　まあ、内定取消しが認められる1つのポイントにはなるかもしれないけど、自粛で店があけられなくてもテレワークが可能だったり、休業をさせて

休業手当を支払うことも可能な場合もあるから、それだけで内定が取り消せるとはいえないだろうね。

　まずはきちんと相手先に内定取消しの理由や今後の状況を丁寧に説明するよう求めることが大事だね。

②なかなか根深い、外国人差別

あんかちゃん　先生、私は中国人なのですが、中国人と聞いただけで、周りの空気がピリッとしてしまうことが結構あります。

　私は夫が日本人なのでまだマシだと思いますが、中国人の友人の話だと、外国人が日本人と同じような条件で仕事を見つけたりするのはやっぱり難しいみたいです。日本の労働法では国籍を理由にして差別することを禁止してはいないのでしょうか。

タイツ　日本の労基法3条は、国籍を理由とした差別を禁止しています。外国人であることを理由とする内定取消しが無効とされた判決（日立製作所事件・横浜地判1974.6.19）もあります。

ナナリー　たしかに、街を歩いていると、「外国人不可」とか「日本人の若い女性のみ」なんて広告、結構見るかもしれませんね。

タイツ　外国人不可は国籍差別ですし、「日本人の若い女性のみ」なんてのは、国籍、年齢、性別のトリプル差別ですね。野球のトリプルスリーはいいですけど、差別のトリプルは勘弁してほしいですよね。ちなみに私も3高（高体重、高血圧、高コレステロール）のトリプルスリーが自慢です。

一同　……。

サイカク　そういえば私も日本に来たばっかりの時は、バイトの面接も受けさせてもらえませんでした。顔を見たとたんに「あー、うちはガイジンはとらないから、帰って！」って。犬を追い払うみたいにシッシッとされたときは、かなりショックでした。

タイツ　まだまだそんな残念な現実がありますね。外国人技能実習制度なんかもそうで、政府は外国人労働者を積極的に受け入れようといろいろな方向性を打ち出していますが、「日本社会で共に暮らす住民」としてではなく、単なる「労働力不足解消手段」してか外国人を見ていないのが問題なのです。

③こっちも深刻、障害者差別

ナナリー　私も就活始めたんですけど、両足に障害があるし、エレベーターも障害者トイレもないところだと働けないし。企業説明会とかでも、どんな配慮してもらえそうかって聞くんですけど、割と面倒くさそうな対応されることもあって、結構凹んでいます。

タイツ　ひどいですね。障害者が働くためには、合理的配慮として、障害や困難を取り除くための調整が不可欠です。障害者も働きやすい会社なら、育児や介護をする人も含めて、誰もが働きやすい会社だと思うのですが。

ゆうきゃん　合理的配慮は、前は公務員だけだったけど、今は民間企業も取り組むこと（措置）が義務だから、会社に聞くのは全然いいと思うんだけどな。

ナナリー　でもネットだと、「合理的配慮はワガママだ」とか「障害者は甘えるな」なんてのが結構書かれてたりして…。うう（涙）。

さくらもち　そういうことを書く人って、なんなんだろうね〜（怒）。

タイツ　全くです。それは、合理的配慮を全くわかっていない意見ですね。負担が重くなりすぎない範囲で、一緒に働けるように措置をしましょう、というのが合理的配慮なのです。

ゆうきゃん　たとえばエレベーターを新しくつけるのは大変でも、障害者が1階で仕事できるように配置を考えるとか、そういったことですよね。

タイツ　そうです。本来の合理的配慮は、障害者に限定されるものではないですが、そんなに難しい話ではなく、みんなに優しい持続可能な働き方を追求していこう、ということなのです。

　もちろん、どこまで求められるかはありますが、企業がもし、負担が重すぎてできないというなら、どう重すぎるのか、ちゃんと答えないといけないし、逆に何だったらできそうか、本人と話し合って相談してください、ということなのです。

ナナリー　じゃあ聞くのは大丈夫なんですね！　ちょっと安心しました！

④非正規には、休業手当も賞与も退職金もない？

さくらもち　タイツ先生、さっき「職場のトラブル」って言いかけたんですけど、私のも聞いてくださいよー。私、スーパーとファミレスのパートをかけも

ちしてるんです。でもコロナのせいで、ファミレスのほうはお客さん減ったんで、自宅待機だっていわれて。

　そしたら、正社員は休業手当が出るけど、パートには制度がないから何もないっていわれて。それはしょうがないんでしょうか。

タイツ　よく誤解されていますが、労基法はパートやアルバイトにも適用されます。なので、パートであっても、使用者の事情で労働者を休ませる以上、休業手当を請求できます。会社の制度がどうなっているかは関係ありません。

ゆうきゃん　そう、だから「今日は客がいないから早く帰ってくれ」みたいな時も、その日の給料（正確には平均賃金）の6割まではもらえるんだよ。

さくらもち　そうなんだ！　たしかに、時間と交通費かけて出勤して、客がいないからって帰らされたらたまらないもんな。まあ元の給料が安いから、6割だけじゃやっぱりきついけど。

タイツ　ただ、細かいことですが、休業手当は「本来就業予定だったのに休業を命じた日」に払われるものなので、シフトが直前で組まれたりしていると「もともと就業予定じゃなかった」として、休業手当を払わない会社もあるようです。そのあたりはグレーですが、法できちんと整備してもらいたいですね。

さくらもち　私もコンビニは結構長く働いてて、社員さんより詳しいと思うけど、正社員と違って、ボーナスも退職金もないからなあ。タイツ先生、せめてパートでも少しくらいボーナス出たりしないでしょうか。

タイツ　ボーナスや退職金の支払いは残念ながら労働基準法の義務ではないんです。ただ、パート・有期法ができて、パートや有期雇用の待遇についても、不合理な相違を設けてはならない、とされました。なので、賞与・退職金などは、これからは「パートだから1円も出さない」というのはさすがにまずいだろうと思います。最高裁は否定しましたが、アルバイトや契約社員に賞与や退職金の一部の支払いを認めた高裁判決もあります。

　退職金も賞与も、これまでは長く働く正社員の功労に報いる、ということが強調されてきましたが、非正規だって長く働いていたら同じはずですからね。

かっけ　でもさくらもちさんには悪いんだけどさ、僕もすごい就活して何度も面接とかやって、やっと正社員の内定もらったんだから、やっぱ非正規よりは優遇してほしいなあ、とかちょっと思っちゃうんだけど。ダメかなw

タイツ　難しいところですが、パート・有期法8条は、仕事の内容とか異動の範囲や「その他の事情」を考慮して、不合理と認められる相違を設けてはならない」としています。なので「正社員だけは全国転勤がある」みたいな中で、正社員だけに住宅手当を出すことは不合理とはいえないでしょう。それに賛否はありますが、賞与や退職金も、さすがに「正社員と同じ金額がもらえる」とはなかなかならないと思います。でも、少なくとも「どうして違うのか」について、使用者はちゃんと非正規に説明しなさい、説明できないなら是正しなさい、ということなのです（労契法4条参照）。

⑤いろいろあるぞ、ハラスメント

ナナリー　私も高校のとき、レジのバイトやってたけど、お客さんから「彼氏いるの？」とかしつこく聞かれたりして、それで辞めたんですよ。

さくらもち　ああ、いるいるそういうセクハラ客！　後、何かあると怒鳴りつけてくる客とかね。店長にいったら、「お得意さんだから、あまり事を荒立てないでくれ」っていわれたんだけど、なんかおかしいよなあ。

タイツ　そういうのは、カスハラ（顧客によるハラスメント）というんですよね。パワハラ防止法（正確には、労働施策総合推進法）の指針では、そういうお客さんからの迷惑行為に関する労働者からの相談に対して、事業主も適切に対応することが求められていますから、「事を荒立てないでくれ」ではすまされません。

かっけ　カスハラなんて初めて聞いたな。マタハラってのもあったっけ。いろいろあるなあ。あ、やべっ、料理なくなってきた。

タイツ　そうハラハラしないで。では、鮭ハラスでも追加で頼みましょう。

あんかちゃん　マタハラって、妊娠や出産をきっかけにいじめられたりとか、クビになったりとかのことですよね。私も、出産しても働き続けたいと思っているのですが、結構そういう話を聞くので、不安です。

サイカク　私の会社でも、妊娠した同僚はまるで犯罪者のようにコソコソと早退しているし、育児休業を申請した男性社員は、上司から「男のくせに情けない、ずっとヒラのままでいろ」と嫌味を言われていました。クレージーです。

タイツ　男性へのはパタハラですね。本来、出産はめでたいことだし、育児休業の取得や勤務時間短縮は法律上の権利行使なのに、なかなかそれが受け入

れられないですね。男性の理解も足りません。夫は育児休業を取ったのに、家でゲームばかりだという話もあります。

さくらもち　あ、うちもそれで離婚したんですよw

サイカク　私はゲイですが、イクメンこそ本当のイケメンですよね。

タイツ　たしかにそうですね、育児をしない男性は意気地（イクジ）がない！

かっけ　でも、うちの母親が言ってたけど、職場で育児休業を取る人が2人出たせいで、残ってる人が毎日夜10時くらいまで残業してるって。権利なのはわかるし、マタハラがいけないのもわかるんだけど、でもやっぱり、育児休業のしわ寄せで周りの人がイライラするのはしょうがないんじゃないのかな。

ゆうきゃん　実は労働組合の中でも、そういう不満を陰でいってる人、正直いたりするんだよね。いいことではないんだけど。

タイツ　そういう問題が起きるのは、そもそも事業主（使用者）がやるべきことをちゃんとやっていないからです。本来は、妊娠や出産に伴う人手不足や業務の偏りも含めてちゃんと対応することが、事業主の義務です。職場の理解も大切ですが、それ以上に事業主には、もっと「サイカク」を生かして、真の男女平等に向けて、働きやすい職場づくりをがんばってもらいたいですね。
　ところでサイカクさんは、もしかして井原西鶴がお好きなんですか？

サイカク　はい、私はカミガタ文学を研究していたので。そう言ったら、職場の同僚からは、美容師になりたかったのかといわれましたw

タイツ　私も髪の毛にはうるさいんです。髪の毛が心配なら、お正月にお参りに行くといいんですよ（初詣＝発毛デー）。

⑥地方で働くことには、地方なりの悩みが…

さくらもち　私、子どもを保育園に預けるために「保活」したんですが、全然見つからなくて、結局お金のかかる無認可しか見つからなくて。

ナナリー　待機児童が減らないって話ですか？　シングルマザーでも入れないんですか。

さくらもち　いや、田舎だから保育園は空いてるんだよ。ただ、近くの保育園がつぶれちゃって、車で1時間半かかるとこしかなくて。

タイツ　ひとり親家庭では、仕事を探すのもよけいに大変だと思いますが、地

方では首都圏とはちがった問題があるんですね。

さくらもち　私、姉が結婚して神奈川県でパートしてるんだけど、同じコンビニに働いてるのに、私と時給200円以上違ってて。この前なんかラインで「うちのパート、時給1050円しかなくてブラック」とか書いてきて。こっちなんて800円で仕事してるから、ちょっと微妙になったw

ゆうきゃん　沖縄県もシンママ多くて、シンママの友達、地元にたくさんいます。みんなめちゃくちゃ頑張って働いてる。でも、沖縄は子どもの貧困率は約30％で、全国平均の約2倍なんだよね。

タイツ　ゆうきゃんさんは沖縄の方ですか。まさにその通りで、たしかに沖縄では子どもの貧困率が突出して高いです。子どもの貧困は、大人の貧困にも起因しています。沖縄では、いわゆる非正規雇用が43％と全国平均よりも約5％も高く、母子家庭の比率も5.5％と全国平均の2倍となっているほか、最低賃金も全国平均より150円も低くなっていますね。

ゆうきゃん　そう。ワーキングプアをどう減らしていくかが課題ですね。

タイツ　沖縄は「キチ（基地）に富んでいる」はずなので、機智を生かして、基地問題も含めた、沖縄の雇用問題をぜひ考えてみてください。

⑦逃げてばかりじゃ変わらない──作ろう、労働組合！

かっけ　あ、サークルの後輩からラインだ。バイト先の店長がシフトは勝手にバンバン入れるわ、休憩時間はないわ、残業しても残業代は出ないわで、ブラックだからさっさと辞めるって。

タイツ　ではその店では、まだ違法状態がまかり通っているんですね。

あんかちゃん　法律違反だって、教えてあげたほうがいいんじゃない？

かっけ　うーん、でもどうせ店長に言っても変わらないし、睨まれるだけだろうしなあ。

さくらもち　そんなとこ、とっとと辞めて次探したほうがいいよ。

かっけ　そうっすよね。ま、バイトだし、そこで一生働くわけじゃないし。

タイツ　そう考えるのも自然かもしれません。でも、労働法の研究者としてこれだけはいっておきたいのですが、労働組合に加入したり、労働者と使用者が対等な関係で団体交渉をしたり、ストライキをする権利は、社会人にも学生バ

イトにも、全く平等に憲法で保障されています。だから、その後輩くんも、組合に入ったり組合を作って、不当な状況に声を上げることはできるんですよ。

かっけ　えー、労働組合とかって、なんかハードル高そう。

サイカク　イギリスは世界で初めて労働組合ができた国なんですよ、みなさん知っていますか。

あんかちゃん　あ、高校で習った気がする。産業革命で大量に生み出された労働者たちが作ったのが始まりだって。あんまりぴんとこなかったけど。

サイカク　そうです。労働者たちが、仕事の後でパブで仲間とビールを飲んで、職場の悩みを話し合って、「誰も守ってくれない中で、自分たちの手で苛酷な労働環境に立ち向かおう」ということで出てきたのが、労働組合なんですよ。

かっけ　へえ、僕たちも今まさに日本版パブ（居酒屋）で、仕事の悩みを話しあってる、と。団結に乾杯は不可欠ってことで…大ジョッキ追加お願いしまーす。

タイツ　サイカクさんがいわれたように、18世紀中頃のイギリスを皮切りに、世界各国で労働者たちが労働組合を作るようになっていきます。日本でもヨーロッパの労働運動に影響を受けて、19世紀末に労働組合が作られています。でも、その頃はまだ労働組合の権利が認められていなかったので、組合活動はほとんど犯罪扱いでした。文字通り命がけで活動していたのです。

ナナリー　そういうお話を聞くと、今の私たちが労働組合や団結権について無関心でいることが申し訳ない気がしてきました。

タイツ　職場で起きている法律違反や不当なことは、個人の問題というだけじゃなくて、その職場で働いている人たち全員にかかわる問題ですよね。「イヤなら辞めればいい」では、辞めた人は助かるかもしれないけれど、その職場に残って働き続ける人は、相変わらずひどい条件の下で働かなきゃいけないのです。つまり、現状は何ら変わらないんです。

あんかちゃん　それに、よく考えてみたら、悪い方が堂々としてて、悪くない方が辞めなきゃいけないなんて、おかしいですよね。

タイツ　その通りです。もちろん、労働組合に入ったり、作ったりすることは勇気がいるでしょう。特に学生のみなさんにはハードルが高いでしょうね。でも、法律は平等に権利を保障しています。過去の労働者たちの血と汗の結晶として、今私たちが団結権を手にしている。その権利を生かすも殺すも私たち次

第です。そのことだけは、ぜひみなさんにわかってもらいたいですね。

かっけ　いわれてみれば、たしかになんでこっちが辞めなきゃいけないんだ、って気がしてきた。よし、後輩にも言ってみるよ。

⑧労働法は、どこへ向かうの？

さくらもち　ところで、私のスーパーでは、総菜作り、商品陳列、レジ会計のすべてをAIが行うって話出てて。なんか高齢のお客さんも大変そうだし、社員さんもクビになるんじゃないかって心配しています。

タイツ　AI（人工知能）が仕事の在り方を大きく変容させることは確実ですが、ものを考えたり、新しいものを作り出す仕事、人と接する仕事はなくならないと思いますし、また新しい職業が生まれるのだと思います。こういった変化をソフトにするような政策的な支援が必要なのでしょうね。

ナナリー　そういえばツイッターで「労働法の規制が厳しいから、日本経済が低迷する」みたいなのがバズってた（話題になっていた）けど、どうなんですか。

タイツ　政治家の中には、そういう考えの人もいるようですね。でも、長時間労働、過労死や過労自殺など、労働者を取り巻く環境は非常に厳しい。そんな中で安易に規制を緩和すれば、もっと深刻なことになるでしょう。経済発展ももちろん大事ですが、そもそもそれは、きちんと規制を守ったうえで、実現を目指すべきなのです。

ゆうきゃん　「労働者が弱い」というのは昔の話で、むしろ保護するのは労働者の自立を阻害する、みたいな話もありますよね。

タイツ　たしかに今は、裁量労働で働く労働者や、高収入の労働者もいますが、全体から見ればごくわずかですし、そういう人たちの過労死・過労自殺だって問題となっています。

サイカク　立場の弱い使用者（自営業者）も増えていますが、労働者が強くなったわけではないですよね。

タイツ　そういう自営業者の保護をどう考えるかは大きな課題ですが、労働法は「持てる者」（資本家、ブルジョワジー）と「持たない者」（労働者、プロレタリアート）の階級間の、現実の力関係の格差に着目し、それを修正するためにできてきた法律です。その役割自体はこれからも決して、変わらないでしょう。

かっけ　う…。なんかすごく難しい…。

タイツ　いや、別に難しいことではありません。恋愛にも、これは当てはまるんです。

ナナリー　え、そうなんですか？

タイツ　昔からいわれています。恋愛においても、モテる者（振るジョワジー）とモテない者（振られタリアート）の、階級格差があるんですよ！

一同　ポポポ（ ﾟдﾟ）ﾟдﾟ）ﾟдﾟ）ﾟдﾟ）ﾟдﾟ）ポカーン…

⑨中締め

かっけ　いやあ勉強なるわ〜！　とりあえず、デザート頼んでいいっすか。

さくらもち　いいねー❤　じゃあ私は胡麻アイス！

ゆうきゃん　僕はシークワーサーシャーベット一択で。

ナナリー　私は抹茶アイスかな。

サイカク　私は、白玉ぜんざいでお願いします。

あんかちゃん　んー何にしようかな。迷うなぁ…よし、クリームブリュレ！

タイツ　うーんそうですねー。しかし私はそろそろ失礼しますよ。

一同　えーっ、行っちゃうんですかあ。ありがとうございます。すごくためになりました！

タイツ　こちらこそ。ここは秋葉原ですから、これからメイド喫茶です。もちろん、お土産は「メイド（冥土）の土産」ですね。では、私がみなさんの分もまとめて払っておきましょう。

かっけ　え、本当ですか！　ゴチになります！

タイツ　ただしみなさん、私が会計をしているところを決して覗いてはいけませんよ。ゴソゴソ

さくらもち　すごい（笑）鶴の形の財布！　なんだかリアル「鶴の恩返し」だね！

タイツ　私の髪の毛も少しツルツルになってきましたので、少しは恩返しできましたか。私への励まし（ハゲ増し）は禁止です。それでは！

　——というわけで、オフ会を嵐のように荒らして（？）去っていったタイツ先生…。「リアル」な労働問題はとっても深刻。でも、タイツ先生、ふざけているようで、実は大事なこともけっこういってるぞ。

　この本の名前は『リアル労働法』だけど、知ってトクする「利ある労働法」、本当のあるべき姿を考える「理ある労働法」でもあるんだ。さぁ、読者のみなさんも、いっしょに「リアル」の先を考えてみよう！

「さらに考えてみよう」の解説はこちらから！

あとがき

　「労働法なんてきれいごとばかりで、実社会では役に立たない」というと、教室の後ろのほうで寝ている学生のつぶやきみたいですが、そう感じている人は案外多いかもしれません。私自身も、大学教員になる前は13年間、東京でサラリーマンをしていたので、ご立派な労働法の理論と、リアルな労働との"ズレ"には、いつも頭を痛めていたりします。

　この本は、「知ってトクする（利ある？）」的な労働法入門のテキストですが、そんな「理論」と「リアルな労働」との"ズレ"とに正面から向き合うことで、むしろ小手先の政策論に振り回されない、あるべき（理ある？）労働法の姿をもう一度考えてみよう、という思いを込めています。エライ先生からは「品がない」「現実に迎合するのか」、若い人からは「若者に話合わせようと必死なんすねｗ」といわれるかもしれません。でも、一見ふざけているようで実は大マジメな、そんな本書にこめた執筆陣の思いが、読者のみなさんに少しでも伝われば嬉しいです。

　最後に謝辞です。出版事情等の厳しい中で編集作業にお骨折りいただいた法律文化社編集部小西英央氏、本書の前身『労働法解体新書』の編者であり、本書では執筆陣の1人（＆ダジャレ総監修（？））として、われわれ編者を「変じゃ！」と叱咤しながら支えてくださった恩師の山田省三先生、労働法の本なのに過酷なスケジュールの中素晴らしいイラストを描いてくださった岩手大学卒業生の成瀬優美氏、リアルな労働問題をいつも考えさせてくれる岩手大学社会法研究室・労働法ゼミの面々（＋OB・OG）、こんな私をご指導くださっている中央大学労働判例研究会、東北社会法研究会の先生方…。本当は、もっともっと多くの方に謝辞を呈したいところですが、どこまで出すかの匙（シャジ）加減が難しいため、このあたりで。みなさま、ありがとうございました！

　2021年3月　　　盛岡駅のじゃじゃ麺屋・白龍（ぱいろん）にて

　　　　　　　　　　　　　　　編者を代表して　河合　塁

索　引

執筆者紹介（執筆順）

①My バイト ストーリー　　②読者へのひとこと

【編者】

河合　塁（岩手大学准教授）

1章（1）（2）、2章（1）〜（5）、4章（1）（2）、5章（2）、
6章（2）・サイド、8章（1）、9章（3）・サイド、チャット
ルーム（共著）、オフ会（共著）　（サイド＝サイドストーリー）

①学生時代は、解体建物の掃除のバイトをよくやってました。もしかしたら石綿が舞ってたのかも（汗）。②「労働法を勉強していると採用されない」なんて声もあるようですが、交通ルールに詳しい人が運転したら困る、というのと同じくらい変な話です。過労死やセクハラでニュースになれば会社も大炎上。労働法を知ることは、労働者だけではなく、使用者にとっても必須かつ有益なのです。

奥貫　妃文（相模女子大学准教授）

3章（1）・サイド、5章（3）、6章（1）、9章（1）（2）、
チャットルーム（共著）、オフ会（共著）

①人生初バイトは高校3年生の時。奈良の観光旅館の
配膳バイトでした。たくましい関西のおばちゃんたち

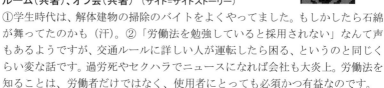

にたくさん助けてもらい、仕事の酸いと甘いを教わりました。②労働法を知ることで、自分だけでなく自分の大切な人を守ることができます。人生にはパンも薔薇も大事。労働法はそのために存在しています。

【執筆者】

山田　省三（中央大学名誉教授）

序章（1）（2）・サイド1・2、1章サイド、7章（1）、終章、
オフ会（共著）

①大学時代のバイトは、会計事務所・法律事務所の
事務員と塾講師です。お陰様で税金の確定申告はお

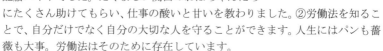

手の物ですし、後の弁護士や大学教員の仕事に生かされたバイトでしたね。②法律は武器です。使わなければ無用の長物ですが、上手く使えばこれほど力強いものはありません。そのためには、まず知ることが大切です。愛せるうちに学べ！

春田　吉備彦（沖縄大学教授）

1章(3)、4章(3)(4)・サイド、5章サイド、8章(6)

①家庭教師・飲食店・コンサートのバイト、色々
やりました。当時は、バイトにはそんなに高い要求は
なく、素人に手伝ってもらうみたい感じで、気楽なも
のでした。今は、大変ですね。②多様な職業の人がその持ち場で誠実に働くこと
で社会は成り立ちます。各々の人間が他者の労働と自分の労働へのリスペクト
をもってほしいです。

東島　日出夫（桐蔭横浜大学非常勤講師）

2章サイド、5章(1)

①「海の家」でのアルバイトが、私の初めての
"労働"でした。結構忙しかったけど、昼食付で、
高校生にしては時給もよく、楽しく働いていたこ
とを今でもよく覚えています。②みなさん、労働法に対して、どのようなイメー
ジを持っていますか。まずは、この本を読んでみてください。そのイメージ、き
っと変わります。

指宿　昭一（弁護士）

3章(2)〜(4)、8章(5)

①学生時代にバイトをしていたコンビニエンスス
トアで、パートと高校生バイトの不満が高まり、
労働組合を結成しました。これが、私と労働法の出
会いです。②職場で、自分や仲間の権利を守るために闘わなければならないこと
があります。その時の武器、もしくは、護身術が労働法です。その時のために、
学びましょう。

今野　晴貴（聖学院大学非常勤講師、NPO 法人 POSSE 代表理事）

3章(5)、7章(2)・コラム、8章(2)〜(4)、(7)・コラム

①大学生の時、コンピュータの組み立て工場のバイト
が、減産で休みになっても、適法な手当を支払って
もらえませんでした。②労働法はほとんどの人の人生に
深くかかわります。また、社会のほとんどの出来事に
関係します。労働法を学ぶことで必ず皆さんの「世界」が広がるはずです！

Horitsu Bunka Sha

リアル労働法

2021年5月25日　初版第1刷発行

編　者　　河合　塁・奥貫妃文
　　　　　（かわい）　（るい　おくぬき　ひふみ）

発行者　　畑　　光

発行所　　株式会社 法律文化社

　　　　〒603-8053
　　　　京都市北区上賀茂岩ヶ垣内町71
　　　　電話 075(791)7131　FAX 075(721)8400
　　　　https://www.hou-bun.com/

印刷：亜細亜印刷㈱／製本：㈱藤沢製本
装幀：仁井谷伴子

イラスト：成瀬優美／デザイン企画協力：藤井 怜
ISBN978-4-589-04156-2

本久洋一・小宮文人・淺野高宏編

労 働 法 の 基 本〔第2版〕

A5判・322頁・2860円

法学部生だけでなく、大学生全般を対象にしたワークルール入門にも対応した標準テキスト。法制度の意義・要件・効果を丁寧に解説し、重要判例を明示的に取り上げ理解を深める工夫をする。初版刊行（2019年4月）以降の働き方改革関連法の施行にともなう動向や新たな労働立法・裁判例等を加筆。

道幸哲也・加藤智章・國武英生編
〔〈18歳から〉シリーズ〕

18歳から考えるワークルール〔第2版〕

B5判・116頁・2530円

仕事を探し、働き、辞めるまでのさまざまな局面における基礎的知識と法的・論理的思考を習得する。法改正や新たな動向をふまえ補訂するとともに、各章末に理解度チェックQ&AをQRコードで添付。

名古道功・吉田美喜夫・根本 到編［NJ叢書］

労 働 法 Ⅰ
―集団的労働関係法・雇用保障法―

A5判・290頁・3190円

集団的労働関係法および雇用保障法を詳細に概説した体系的教科書。初学者以外に労働者にも理解しやすく丁寧に叙述し、学説・判例は客観的に解説した。『労働法Ⅱ 個別的労働関係法』とあわせて労働法全体をカバーしている。

吉田美喜夫・名古道功・根本 到編［NJ叢書］

労 働 法 Ⅱ〔第3版〕
―個別的労働関係法―

A5判・424頁・4070円

個別的労働関係法および労働紛争の解決手続に関する体系的教科書。基本事項はすべて網羅し、重要な判例・法理論は批判的な吟味も含め踏み込んで解説。第2版刊行（2013年）以降の新たな法改正や「働き方改革」に伴う立法動向をふまえ大幅に改訂。

西谷 敏著

労 働 法 の 基 礎 構 造

A5判・354頁・4400円

戦後労働法学の第二世代を理論的に牽引してきた著者の労働法基礎理論の集大成。「本質と発展」（1章）から「将来」（12章）まで12の問題をとりあげ、歴史的に形成されてきた構造を解明。基本的な価値と原則を確認する。

——法律文化社——

表示価格は消費税10%を含んだ価格です